QUESTIONS BRÛLANTES SUR DIEU

Nihil obstat
G. Pelletier
2 mars 2013

Imprimatur
M. Vidal
Vicaire Episcopal
2 mars 2013

ISBN : 978-2-84024-454-7

Illustration de couverture : Brunor

Emanuelle Pastore

QUESTIONS BRÛLANTES SUR DIEU

EdB

Les autres disciples disaient à Thomas : « Nous avons vu le
Seigneur ! » Mais il leur déclara : « Si je ne vois pas dans
ses mains la marque des clous, si je ne mets pas
mon doigt à l'endroit des clous, si je ne mets pas la main
dans son côté, non, je ne croirai pas ! » Huit jours plus tard,
les disciples se trouvaient de nouveau dans la maison,
et Thomas était avec eux. Jésus vient, alors que les portes
étaient verrouillées, et il était là au milieu d'eux. Il dit :
« La paix soit avec vous ! » Puis il dit à Thomas :
« Avance ton doigt ici et vois mes mains ;
avance ta main et mets-la dans mon côté :
cesse d'être incrédule, sois croyant. *» Thomas lui dit alors :*
« Mon Seigneur et mon Dieu ! » Jésus lui dit :
« **Parce que tu m'as vu, tu crois.**
Heureux ceux qui croient sans avoir vu. »

Évangile selon saint Jean 20, 25-29

« Il y a assez de lumière pour ceux
qui ne désirent que de voir,
et assez d'obscurité pour ceux
qui ont une disposition contraire. »

Blaise Pascal

À Idel Leroux-Girard

Introduction

Vous êtes croyant et vous voulez croire plus ? Croire mieux ? Croire plus profondément ? Dieu veut vous faire ce don. Il s'agit d'un don inestimable, car il nous ouvre les portes de l'éternité. Pour l'obtenir, il suffit de le demander et quand il passe près de vous, de savoir le reconnaître et l'accueillir.

Premier obstacle : nous constatons que nous avons des doutes qui voilent la clarté de notre foi... Pourquoi suis-je incapable d'avoir une certitude inébranlable des vérités de la foi ? Pourquoi y a-t-il des périodes de lumière et d'autres d'obscurité ? Pourquoi la foi n'est-elle pas plus tangible ? Ce doute qui nous accompagne peut pourtant nous être utile. Comment ? Avec beaucoup de réalisme, si nous reconnaissons nos limites et notre « finitude » devant Dieu, ne devrions-nous pas reconnaître que le doute fait lui aussi partie de la nature humaine ; cette nature qui tend vers la plénitude et la perfection, mais est incapable de l'atteindre par elle-même ?

Le croyant et l'incroyant ont soif ; soif de vérité. C'est leur point de rencontre. Tout comme le positivisme ne peut prouver ni l'existence de Dieu ni sa non-existence, de même notre intelligence est incapable de fournir une preuve scientifique de Dieu. Il s'agit là d'une attitude honnête de la part du croyant et de l'incroyant qui ne s'érigent pas en « fondamentalistes » de leur vérité.

Vous êtes croyant et vous avez accepté la vérité de la foi, c'est-à-dire que vous croyez que Jésus Christ est *« le chemin, la vérité et la vie*[1] », mais vous vous interrogez sur cette vérité acceptée qui reste mystérieuse. C'est ainsi que l'on peut dire que le croyant avance notamment (pas exclusivement) grâce au doute. « Saint Thomas est le grand apôtre de la résurrection, parce qu'il n'a pas cru sans avoir vu. Grâce à lui qui voulut "toucher", la gloire de Dieu éclate. Ainsi, Dieu se sert de tous. Et par celui qui douta, Il évangélise ceux qui doutent[2]. » Vos questionnements vous poussent à chercher des réponses en Dieu, à « vous enfoncer » plus profondément en lui et donc à grandir dans votre foi. « Tu nous as faits pour toi et notre cœur est inquiet tant qu'il ne repose en toi », écrivait saint Augustin, il y a déjà plus de quinze siècles.

Vus sous cet angle, nos doutes vont stimuler notre intelligence et nous aider à avancer vers Dieu. N'ayons pas peur d'eux ! Utilisons-les pour rebondir et pour avancer. Cherchons à les résoudre en vérité et – permettez-moi d'ajouter – « en humilité ». Car celui qui s'enferme

---

1. Évangile selon saint Jean 14, 6.

2. Marie-Noël, *Notes intimes*, 1933-1934, éd. Stock 2011.

orgueilleusement dans ses certitudes a cessé d'être en recherche de Dieu. Dieu nous dépasse. Nous ne pouvons pas le cerner totalement ni le réduire à la mesure de notre petite intelligence ou de notre petit cœur. Une vie entière ne suffit pas pour tout découvrir sur Dieu. Nous ne pouvons avancer vers lui qu'avec un cœur d'enfant qui est prêt à tout recevoir. Devant Dieu, on ne « se grandit » pas soi-même, mais on « se laisse grandir » par lui. *« Si vous ne changez pas pour devenir comme les petits enfants, vous n'entrerez point dans le Royaume des cieux*[3]. »

Revêtus d'humilité et de confiance, ouvrons notre cœur à Dieu, car il se laisse toucher !

*

Conseils pour la lecture :

– Les multiples questions qui sont présentées ici peuvent orienter le choix de votre lecture. Néanmoins, les questions et leur réponse s'éclairent les unes les autres dans un ordre de progression. Nous vous conseillons donc **une lecture suivie** des chapitres.

– Après chaque sujet, quelques **questions personnelles** vous sont proposées comme pistes de réflexion, de manière à l'approfondir et à l'intérioriser.

3. Évangile selon saint Matthieu 18, 3.

I

Qu'est-ce que croire ?

« Ils sont foncièrement insensés, tous ces hommes qui en sont venus à ignorer Dieu : à partir de ce qu'ils voient de bon, ils n'ont pas été capables de connaître Celui qui est ; en examinant ses œuvres, ils n'ont pas reconnu l'Artisan. Mais c'est le feu, le vent, la brise légère, la ronde des étoiles, la violence des flots, les luminaires du ciel, gouverneurs du monde, qu'ils ont regardés comme des dieux. S'ils les ont pris pour des dieux à cause de la beauté qui les a charmés, ils doivent savoir combien le Maître de ces choses leur est supérieur, car l'Auteur même de la beauté est leur créateur. Et s'ils les ont pris pour des dieux à cause de la puissance et de l'efficacité qui les ont frappés, ils doivent comprendre à partir de ces choses combien Celui qui les a faites est plus puissant. Car la grandeur et la beauté des créatures font, par analogie, découvrir leur Auteur. »

Livre de la Sagesse 13, 1-5

1. L'homme est-il un animal comme les autres ?

La vie de l'homme et de la femme est faite de grandes questions qu'ils finiront toujours par se poser, quelles que soient leur origine, leur religion, leur éducation : Qui suis-je ? D'où est-ce que je viens ? Je me dirige vers quoi ? À quoi cela sert-il de vivre ? Y a-t-il quelque chose après la mort ?

Nous avons beau vouloir échapper à ces questions difficiles, elles nous poursuivent et finissent toujours par s'imposer. La peur de la solitude ou la hantise de l'absurde peuvent nous pousser à fuir ces questionnements. Mais, au plus profond de nous-mêmes, cette fuite des questions existentielles nous laisse insatisfaits et tristes, car privés de sens.

> « Qu'est-ce qui différencie l'homme de l'animal ? Le langage ? Les chimpanzés peuvent manier certains symboles dont on leur a laborieusement appris la valeur. L'utilisation des outils ? Les singes peuvent utiliser des brindilles pour sortir les fourmis des trous d'un arbre. L'altruisme, donner sa vie pour ceux qu'on aime ? Les dauphins sont capables de le faire. Il existe actuellement toute une tendance philosophique et scientifique visant à rabaisser l'homme, à montrer qu'au fond, il n'est qu'un animal un peu amélioré. Mais une expérience montre que l'homme possède une caractéristique unique ; le besoin impératif que ses actes aient un sens. »
>
> Jean Staune[4] (1963-), philosophe des sciences

---

4. Jean Staune, *Notre existence a-t-elle un sens* ?, éd. Presses de la Renaissance, 2007, p. 407.

Une vraie recherche de soi ne peut être riche et complète que si elle s'inscrit dans une quête plus vaste et plus intérieure donnant un sens à la totalité de son être. On pourrait dire que cette recherche dépasse les limites de notre propre corps et de notre esprit. Ces interrogations sont incontournables et traduisent une aspiration qui dépasse le cœur humain. Se laisser questionner par l'existence permet de se donner des réponses pour mieux comprendre ce qui nous arrive. C'est à partir de ce questionnement que peut naître le sentiment qu'il y a en soi plus grand que soi, ce que certains appellent une transcendance : le sentiment qu'une force invisible existe, qu'elle nous dépasse, mais tient de l'intime. L'homme et la femme sont comme poussés à aller chercher ces réponses au-delà d'eux-mêmes et de ceux qui les entourent. Nous sommes de drôles d'animaux, toujours assoiffés…

> « Tout au long des jours, l'homme a de nombreuses espérances – les plus petites ou les plus grandes –, variées selon les diverses périodes de sa vie. Parfois il peut sembler qu'une de ces espérances le satisfasse totalement et qu'il n'ait pas besoin d'autres espérances. Dans sa jeunesse, ce peut être l'espérance d'un grand amour qui le comble ; l'espérance d'une certaine position dans sa profession, de tel ou tel succès déterminant pour le reste de la vie. Cependant, quand ces espérances se réalisent, il apparaît clairement qu'en réalité ce n'était pas la totalité. Il paraît évident que l'homme a besoin d'une espérance qui va au-delà. Il paraît évident que seul peut lui suffire quelque chose d'infini, quelque chose qui sera toujours plus que ce qu'il ne peut jamais atteindre. […] Cette grande espérance ne peut être que Dieu seul, qui

> embrasse l'univers et qui peut nous proposer et nous donner ce que, seuls, nous ne pouvons atteindre. »
>
> Pape Benoît XVI[5]

Nous avons soif. Soif de vérité. Soif de sens. Soif d'absolu. Soif d'amour. Un amour qui ne passe pas, un amour total, fort, éternel. Pour le croyant, cette soif ne reste pas inassouvie. Elle a un nom : Dieu.

> « L'homme n'est pas parfait en soi, l'homme a besoin de la relation, il est un être en relation. Ce n'est pas son cogito qui peut *cogitare* toute la réalité. Il a besoin de l'écoute, de l'écoute de *l'autre*, et surtout de l'Autre avec un A majuscule, de Dieu. Ce n'est qu'ainsi qu'il se connaît lui-même, ce n'est qu'ainsi qu'il devient lui-même. »
>
> Pape Benoît XVI[6]

➲ Quelles sont mes grandes questions existentielles ?

➲ Où vais-je chercher les réponses ? Quelles réponses me laissent insatisfait ?

➲ Quelles sont mes petites et grandes espérances pour cette vie et la suivante ?

---

5. Benoît XVI, Lettre encyclique *Spe Salvi*, n° 30 et 31.

6. Benoît XVI, Paroles en conclusion des Exercices spirituels de la Curie romaine, 27 février 2010.

Prière :

« Seigneur, je te cherche »

Saint Augustin (354-430), De Trinitate XV, conclusion, P.L. 42, 1098

« Seigneur, autant que j'ai pu,
autant que Tu m'en as donné la force,
je T'ai cherchéet j'ai voulu avoir l'intelligence
de ce que je crois.
Et j'ai beaucoup discuté et j'ai peiné.
Seigneur, mon Dieu, mon unique espérance, exauce-moi,
ne permets pas que je me lasse de Te chercher,
mais mets-moi au cœur un désir plus ardent de Te chercher.
Me voici devant Toi avec ma force et ma faiblesse.
Soutiens l'une, guéris l'autre.
Devant Toi est ma science et mon ignorance.
Que je me souvienne de Toi.
Que je Te comprenne.
Que je T'aime. »

2. « Avoir la foi », qu'est-ce que ça veut dire ?

Le croyant n'est pas quelqu'un qui a réponse à tout. Tout au long de sa vie, il se laisse interroger par l'existence et par la foi. Ce questionnement lui permet de ne jamais faire du sur-place et d'être toujours en marche. La foi est une marche incessante, et la vie se charge bien de nous questionner. C'est donc au cœur de notre vie que peut s'entrouvrir en nous une porte par laquelle la lumière de Dieu pourra s'infiltrer. Ainsi s'esquissera, sinon une réponse… du moins une intuition, une direction, un sens. Le questionnement incessant pourrait rendre fou ou désespéré. La foi chrétienne propose bien sûr un certain nombre de réponses, car, dans la foi, c'est avant tout Dieu qui se révèle et qui se donne à l'homme. Dieu donne un sens à notre existence et à ce que nous sommes. En définitive, la foi nous permet de franchir le mur du son de notre finitude en nous montrant que Dieu nous rejoint.

> « Nous ne sommes pas le produit accidentel et dépourvu de sens de l'évolution. Chacun de nous est le fruit d'une pensée de Dieu. Chacun de nous est voulu, chacun est aimé, chacun est nécessaire. Il n'y a rien de plus beau que d'être rejoints. »
>
> Pape Benoît XVI[7]

Si, dans la foi, c'est d'abord Dieu qui révèle son mystère à l'homme, il le rend capable de lui répondre. Croire devient donc une réponse au Dieu qui cherche à nous

7. Homélie de Benoît XVI, lors de la messe inaugurale de son pontificat à Rome, le 24 avril 2005.

rejoindre. C'est le fruit d'une décision tout à fait personnelle et intime. Personne ne peut nous y contraindre.

De plus, la foi n'est pas acquise une fois pour toutes, mais elle se construit et grandit au fil de notre expérience et des différentes étapes de notre vie. La quête de Dieu est propre à chaque personne et dépend des circonstances qu'elle a traversées. Certains semblent s'affirmer dans leur foi, alors que d'autres s'en éloignent ou la perdent.

La foi en Dieu nous élève pourtant au-dessus de notre réalité personnelle et ouvre à nos yeux un horizon encore jamais contemplé ni même soupçonné. Elle nous fait pénétrer dans la réalité invisible de Dieu, mais attention : invisible ne signifie pas pour autant irréel ou irrationnel. Nous y reviendrons.

➲ Depuis quand ai-je la foi ?

➲ Comment pourrais-je qualifier ma foi ? Vive, lumineuse, incertaine, changeante, nébuleuse, endormie, rebelle… ?

➲ Y a-t-il des événements qui ont influencé mon chemin de foi ? Lesquels ?

➲ Que m'apporte la foi aujourd'hui ? Et qu'est-ce que je voudrais qu'elle m'apporte ?

Prière :
« Viens à moi »
Syméon le Nouveau Théologien (949-1022)

« Viens, lumière véritable.
Viens, vie éternelle.
Viens, mystère caché.
Viens, trésor sans nom.
Viens, réalité ineffable.
Viens, félicité sans fin.
Viens, lumière sans couchant.
Viens, résurrection des morts.
Viens, joie éternelle.
Viens, toi qu'a désiré et désire mon âme misérable.
Viens, mon souffle et ma vie.
Viens, ma joie, ma gloire, mes délices sans fin.
Viens… »

3. La foi est-elle un acte raisonnable et rationnel ?

La foi apporte un vrai sens à la vie humaine. Pour découvrir ce sens, il faut utiliser son intelligence, car si Dieu nous l'a donnée, ce n'est pas pour la museler, mais, au contraire, pour la perfectionner et l'achever. La réflexion et le raisonnement ont toute leur place dans la vie et l'expérience du croyant. Croire ne signifie pas être naïf et ne pas se poser de questions. La raison de celui qui croit n'abdique pas. Avoir la foi nécessite l'intelligence pour approcher l'inconnu, l'ignoré ou le mystérieux.

Le verbe « croire » fait partie de notre langage quotidien et la vertu de la foi est mise en pratique chaque jour en de nombreuses occasions. Par exemple, quand nous regardons la télévision, nous « croyons » ce qui nous est montré, même si nous n'y assistons pas. Ou lorsque nous lisons sur une étiquette que tel aliment contient tant de calories, nous « croyons » ce qui est écrit là, même si nous n'avons aucun moyen de le vérifier immédiatement. Nous posons donc des « actes de foi » tout au long de la journée. Ces actes de foi sont raisonnables et rationnels dans la mesure où ils sont vérifiables, soit dans le présent, soit dans le futur.

Faisons un pas de plus. Lorsque nous disons à quelqu'un : « Je te crois », cela ouvre une relation avec lui. Nous lui offrons toute notre confiance ; ainsi, la foi se base sur la confiance. La confiance que nous mettons en une personne est scientifiquement imprévisible, pourtant, bien souvent, nous prenons le risque de faire confiance et nous croyons en cette personne ! La confiance sera récompensée par la preuve de fidélité de cet ami. Faire confiance à un ami est donc raisonnable et rationnel.

Avoir foi en Dieu, c'est avoir confiance en Dieu. C'est s'engager dans une relation d'amitié avec Dieu. Cette relation d'amitié est-elle scientifiquement vérifiable ? Pas plus que l'amitié humaine, c'est-à-dire qu'elle le sera lorsque Dieu nous donnera la preuve de son existence, de son amitié et de sa fidélité. Pour le croyant, cette vérification se fait déjà aujourd'hui de façon partielle et elle se fera totalement après la mort. Pourquoi pas tout de suite ? Nous y reviendrons au chapitre suivant.

Il est par ailleurs raisonnable et rationnel de penser que nous pouvons avoir confiance en Dieu, parce que, d'une part, il est notre ami et, d'autre part, il est Dieu ! S'il est Dieu, il est la vérité. La vérité ne peut ni mentir, ni se tromper, ni nous tromper, sans quoi elle ne serait plus… vraie. Il y a donc une logique à croire en Dieu.

> « Pour entrer dans une église, on enlève son chapeau, mais pas sa tête ! »
>
> Gilbert K. Chesterton (1874-1936)

Il serait par ailleurs insuffisant de penser que nous pouvons tout comprendre et tout expliquer par notre seule intelligence : ce serait s'ériger en détenteurs de la vérité. Ce serait oublier notre finitude et prendre la place de Dieu. De la même manière, la foi ne doit pas non plus nous enfermer dans un dogmatisme figé, mais elle a pour but de nous accompagner vers ce qui nous attire et que nous ne finirons jamais d'atteindre, bref, vers ce qui reste mystérieux : Dieu.

La foi et la raison sont donc un binôme indissociable. À cet égard demeurent célèbres les deux formules de saint Augustin[8] qui expriment cette complémentarité entre foi et raison : « Crois pour comprendre » – car croire ouvre la route pour franchir la porte de la vérité – mais aussi, et de manière inséparable, « comprends pour croire » – scrute la vérité pour pouvoir trouver Dieu et croire en lui. Mon intelligence est-elle ouverte à la possibilité de l'existence et de la grandeur de Dieu ?

➲ Suis-je disposé à avancer sur le chemin de la foi dans une attitude de confiance envers Dieu ?

➲ Est-ce que j'utilise mon intelligence pour grandir dans la foi, par exemple en osant poser des questions ou en cherchant des réponses dans des lectures spirituelles ?

4. Peut-on encore être croyant si la science explique tout ?

En réalité, le problème qui se pose ici est l'apparente contradiction entre la Bible et la science. Comment la Bible peut-elle affirmer que Dieu a créé le monde en six jours, alors que, grâce à la science, nous savons que celui-ci s'est formé environ 14 milliards d'années après le Big Bang ? Et comment Dieu pourrait-il avoir créé l'homme et la femme, si la science nous montre qu'ils descendent du singe ?

Il nous faut tout d'abord reprendre ce que dit la Bible, dans le livre de la Genèse, au chapitre premier :

---

8. Homélies de saint Augustin, *Sermones*, 43, 9.

Au commencement, Dieu créa le ciel et la terre. Dieu dit : « Que la lumière soit. » Et la lumière fut. Dieu appela la lumière « jour », il appela les ténèbres « nuit ». Il y eut un soir, il y eut un matin : ce fut le premier jour. Et Dieu dit : « Qu'il y ait un firmament au milieu des eaux, et qu'il sépare les eaux. » Et ce fut ainsi. Dieu appela le firmament « ciel ». Il y eut un soir, il y eut un matin : ce fut le deuxième jour. Et Dieu dit : « Les eaux qui sont au-dessous du ciel, qu'elles se rassemblent en un seul lieu, et que paraisse la terre ferme. » Et ce fut ainsi. Dieu dit : « Que la terre produise l'herbe, la plante qui porte sa semence, et l'arbre à fruit qui donne, selon son espèce, le fruit qui porte sa semence. » Et ce fut ainsi. Il y eut un soir, il y eut un matin : ce fut le troisième jour. Et Dieu dit : « Qu'il y ait des luminaires au firmament du ciel, pour séparer le jour de la nuit ; qu'ils servent de signes pour marquer les fêtes, les jours et les années ; et qu'ils soient, au firmament du ciel, des luminaires pour éclairer la terre. » Et ce fut ainsi. Il y eut un soir, il y eut un matin : ce fut le quatrième jour. Et Dieu dit : « Que les eaux foisonnent d'une profusion d'êtres vivants, et que les oiseaux volent au-dessus de la terre, sous le firmament du ciel. » Dieu créa, selon leur espèce, les grands monstres marins, tous les êtres vivants qui vont et viennent et qui foisonnent dans les eaux, et aussi, selon leur espèce, tous les oiseaux qui volent. Il y eut un soir, il y eut un matin : ce fut le cinquième jour. Et Dieu dit : « Que la terre produise des êtres vivants selon leur espèce, bestiaux, bestioles et bêtes sauvages selon leur espèce. » Et ce fut ainsi. Dieu dit : « Faisons l'homme à notre image, selon notre ressemblance. Qu'il soit le maître des poissons de la mer, des oiseaux du ciel, des bestiaux, de toutes les bêtes sauvages, et de toutes les bestioles qui vont et viennent sur la terre. » Dieu créa l'homme à son image, à l'image de Dieu il le créa, il les créa homme et femme.

Livre de la Genèse, chapitre 1, versets 1 à 27

Lorsque la Bible nous parle de la création de l'univers, notre imaginaire d'hommes et de femmes du vingt et unième siècle nous fait penser – naïvement – que Dieu intervient comme un « magicien » qui fait apparaître la réalité. Pourtant, le texte biblique dit trois choses précises : tout d'abord que Dieu créa l'univers à partir de rien, par la force de sa parole. Il dit : *« Que la lumière soit »* et la lumière fut, etc. Ensuite, on nous dit que Dieu fit le ciel et la terre et que, progressivement, par étapes successives, il couvrit la terre de toutes sortes d'herbes et d'arbres, puis d'animaux, et enfin, qu'il créa l'homme et la femme. La Bible parle bien d'une « évolution ».

La science, quant à elle, que dit-elle ? Que l'Univers est né dans une explosion fulgurante appelée « Big Bang » qui a donné naissance à l'espace et au temps, il y a quelque quatorze milliards d'années. Il y a trois milliards d'années, la vie fit également son apparition, d'abord dans les eaux, puis il y eut les poissons, puis les oiseaux, puis les quadrupèdes. Et enfin, il y a environ 125 000 ans, l'homme apparut.

Jusque-là, il n'y a aucune contradiction entre le livre de la Genèse et les dernières découvertes scientifiques. Ce qui peut prêter à confusion, c'est que nous lisons la Bible comme nous lirions une encyclopédie : nous avons observé les effets, alors nous remontons à leur cause. En réalité, cette page de la Bible n'a rien de scientifique, ni de moral, il s'agit plutôt d'une *transcription imagée de l'expérience de la création du peuple constitué et inspiré par Dieu.*

L'esprit critique et la tendance rationaliste de l'homme moderne doivent se défaire de nombreux a priori accumulés au fil des siècles sur la religion. L'homme moderne n'est plus familiarisé avec le texte biblique. Pour grandir dans la foi, il lui est donc nécessaire de se plonger dans l'étude biblique.

Afin d'être parfaitement cohérent, il aura également à se défaire d'un a priori très répandu sur la science. En effet, contrairement à ce qui se dit et se « croit » dans le domaine scientifique, la science n'a et n'aura sans doute jamais les moyens de percer tous les mystères de l'univers. Plus elle y travaille, plus elle fait face à son incapacité d'y parvenir :

> « Incertitude, indétermination, imprédictibilité, incomplétude, indécidabilité : la science sait désormais qu'elle ne peut pas tout savoir. Pour aller jusqu'au bout du chemin et accéder à la réalité ultime, il nous faut faire appel à d'autres modes de connaissance, comme l'intuition mystique ou spirituelle, informés et illuminés par les découvertes de la science moderne. La science et la spiritualité sont deux fenêtres complémentaires qui permettent à l'homme d'appréhender le réel. »
>
> Trinh Xuan Thuan (1948-), astrophysicien[9]

La Bible s'intéresse à la question du « sens » : pourquoi le monde existe-t-il ? Pourquoi l'homme et la femme existent-ils ? Qui est à l'origine de toute chose ? Dieu existe-t-il ? Bref, la Bible nous donne des clés de lecture pour mieux comprendre notre univers et notre condition humaine. Si la science pouvait répondre à ces questions, elle deviendrait elle aussi une religion. Actuellement, la science et la foi peuvent donc

9. Trinh Xuan THUAN, Préface au livre de Jean STAUNE, *Notre existence a-t-elle un sens ?*, éd. Presses de la Renaissance, 2007.

dialoguer, à condition qu'elles respectent les limites de leur compétence.

- ➲ Suis-je prêt à entreprendre un vrai dialogue entre la foi et la science ?
- ➲ Quels clichés trop simplistes sur Dieu et sur la religion m'empêchent d'avancer dans une réflexion plus profonde ?

II

L'HOMME A-T-IL INVENTÉ DIEU ?

« Dieu, personne ne l'a jamais vu ;
le Fils unique, qui est dans le sein du Père,
c'est lui qui l'a fait connaître. »
Évangile selon saint Jean 1, 18

1. Dieu existe-t-il vraiment ?

La question clé, c'est précisément celle-ci ! Mais on ne peut l'affronter comme on affronterait un problème de mathématiques. Ce n'est pas en se basant sur un **raisonnement** logique qu'on parviendra à la solution. Ce n'est pas non plus sur les dires des autres ou sur leur exemple que l'on va se convaincre de l'existence de Dieu. Le témoignage des autres ne nous suffit pas, car il s'agit d'une question qui engage toute notre vision de l'existence. **La réponse à cette question change la vie d'une personne. Il est donc nécessaire que chacun y réponde personnellement.**

On peut y répondre par un non, mais il n'y a aucune façon de vérifier ce non. Il n'existe aucune preuve de la non-existence de Dieu. Par contre, on trouve plus de preuves de sa possible existence. Ces preuves ne sont pas scientifiques, mais sont basées sur la raison humaine et l'expérience personnelle. Tout au long des millénaires qui constituent l'histoire de l'humanité, des hommes et des femmes ont consacré et parfois sacrifié leur vie au nom de l'existence de Dieu. Mais on n'a jamais vu quelqu'un sacrifier sa vie pour la non-existence de Dieu…

La question « Dieu existe-t-il vraiment ? » se présente au début de la vie de foi et resurgira fréquemment jusqu'à ce qu'une véritable relation avec Dieu s'instaure. On ne peut y répondre en quelques lignes. Il faut dès maintenant s'armer de patience et se mettre humblement à la recherche de Dieu, tout en sachant que cette attente ou cette réponse peut prendre plusieurs années avant d'être éclaircie.

Partons d'un fait : l'homme est capable de maîtriser une bonne partie de la réalité, par ses connaissances de la matière, des mathématiques, etc. Il peut, par exemple, communiquer avec quelqu'un qui se trouve à des centaines de milliers de kilomètres, non seulement en entendant sa voix, mais encore en le voyant sur un écran. Il peut envoyer des hommes sur la lune et les faire revenir. L'intelligence de l'homme lui permet de faire tout cela et bien d'autres choses encore plus sophistiquées.

Cependant, l'esprit humain reste mystérieux. On est incapable, en laboratoire, de recréer un cerveau humain, capable de penser, de se souvenir, d'imaginer, de parler, d'aimer… L'homme reste un être mystérieux à lui-même. Il y a en lui quelque chose d'inexplicable. Il peut expliquer les complexités des lois qui régissent l'univers, mais il ne peut s'expliquer lui-même ! Alors, l'homme doit être humble et réaliste : s'il reste mystérieux à ses propres yeux, combien plus doit-il s'attendre, si Dieu existe, à ce que Dieu le dépasse. Car si Dieu existe, il va sans dire qu'il est infiniment plus grand, plus beau, plus harmonieux, plus puissant, meilleur que l'homme. Il semble alors naturel d'accepter que tout ce qu'on peut savoir et dire sur Dieu nous dépasse.

> « Oui, Seigneur, elle est inaccessible la lumière au sein de laquelle vous habitez ; nul regard, excepté le vôtre, ne peut en sonder les profondeurs mystérieuses pour vous contempler face à face. Il est donc vrai de dire que je ne la vois point parce qu'elle est trop éclatante pour moi ; et cependant, tout ce que je vois, c'est par elle que je le vois. Ainsi, celui dont la vue est faible voit tous les objets qui l'entourent au moyen de la lumière du soleil, bien qu'il

ne puisse contempler dans le soleil lui-même la lumière qui l'éclaire. Votre majesté, ô mon Dieu, étonne mon intelligence. [...] Votre lumière m'éblouit. [...] Et ma raison se perd dans les profondeurs mystérieuses de votre nature. [...] Tu m'environnes, et je ne puis jouir de ton aspect ; tu remplis l'univers de ta présence, et je ne te vois pas ; je vis et j'existe en toi, et je ne puis t'approcher ; tu es en moi, autour de moi, partout, et je ne t'aperçois point ! »

Saint Anselme (1033-1109), évêque[10]

- Est-ce que je comprends et est-ce que j'accepte que Dieu soit entouré d'un mystère qui ne peut être totalement élucidé par ma logique ?
- Est-ce que je sais donner à Dieu et à moi-même le temps de se découvrir mutuellement, sans perdre patience ?

2. Peut-on connaître Dieu ?

Comment parler de celui que nos yeux ne voient pas, que nos oreilles n'entendent pas et que nos mains ne peuvent saisir ? Antoine de Saint-Exupéry n'écrivait-il pas qu'il y a des choses qu'on ne voit bien qu'avec le cœur ? Dieu en fait partie ! Mais alors, peut-on décrire avec des mots ce qu'on ne voit bien qu'avec le cœur ? Le voile du mystère peut-il être levé lorsque les paroles ne peuvent exprimer que difficilement ce que contemple le cœur ?

« Ô Toi, l'au-delà de tout,
Comment t'appeler d'un autre nom ?
Quelle hymne peut te chanter ?

10. Saint Anselme de Canterbury, *Proslogion*, 16.

Aucun mot ne t'exprime.
Quel esprit peut te saisir ?
Tu dépasses toute intelligence.
Seul, tu es ineffable ;
Tout ce qui se dit est sorti de toi.
Tous les êtres te célèbrent,
Ceux qui te parlent et ceux qui sont muets.
Tous les êtres te rendent hommage,
Ceux qui pensent comme ceux qui ne pensent pas.
L'universel désir, le gémissement de tous aspire vers toi.
Tout ce qui existe te prie
Et vers toi tout être qui sait lire ton univers fait monter une hymne de silence. »

Saint Grégoire de Nazianze (329-390), évêque

Une « hymne de silence » est sans doute ce qu'il y a de plus digne et de plus respectueux du mystère. Si l'on en dit trop, on le défigure. Si on n'en dit pas assez, on le prive de sa beauté.

Les philosophes s'accordent à définir Dieu comme le Tout-Autre, et donc comme l'Inconnaissable. Pascal disait : « S'il y a un Dieu, il est infiniment incompréhensible [...]. Nous sommes donc incapables de connaître ni ce qu'il est, ni s'il est[11]. »

Assurément, nous ne pouvons rien connaître de son essence par nous-mêmes. Nous voilà bien avancés ! Alors, comment progresser dans la connaissance de Dieu ? Notre soif de sens resterait donc inassouvie à jamais ? Ce désir d'éternité et de plénitude dans l'Amour

11. Blaise Pascal, *Pensées*, édition de Michel Le Guern, Gallimard, 2004, n° 397, p. 248.

ne serait donc qu'un défaut désespérant de notre nature ? Face à cette absurdité sans remède, aurions-nous donc « inventé » Dieu pour nous consoler ? Cette question est essentielle. N'ayons pas peur de l'affronter.

> « Les êtres ne naissent pas avec des désirs à moins que la satisfaction de ces désirs n'existe. Un nouveau-né ressent la faim : effectivement il y a de la nourriture. Un caneton veut nager : l'eau est bien là pour cela. Les hommes ressentent des désirs sexuels : l'amour physique y répond. Si je nourris un désir en moi-même qu'aucune expérience en ce monde ne peut satisfaire, c'est que je suis fait pour un autre monde. »
>
> C.S. Lewis (1898-1963), écrivain [12]

Si cet autre monde existe ou si Dieu existe, comment le savoir ? Si la nature a inscrit en chacun de nous le désir ou l'intuition de l'existence d'un Dieu qui réponde à nos aspirations les plus profondes, nous devrions pouvoir le découvrir et le connaître !

Il reste une porte, une seule, que nous n'avons pas encore poussée, pour arriver à la connaissance de Dieu. Cette porte ne peut être ouverte que de l'intérieur, c'est-à-dire par celui qui se tient de l'autre côté : Dieu lui-même. **Pour découvrir Dieu, il faut le laisser se découvrir.** C'est à lui de se montrer, de se révéler et de nous parler.

Pour entendre le langage de Dieu, cela suppose qu'il parle un langage humain que nous sommes capables de comprendre. Dieu a-t-il parlé un langage humain ? Dieu

---

12. C.S. Lewis, *Simple christianisme*, New York, Touchhouse-Simon & Shuster, 1996, p. 121.

s'est-il montré clairement et visiblement aux hommes ? Dieu est-il une fois au moins descendu du ciel pour poser ses pieds sur notre planète ? Y a-t-il une religion qui parle d'une auto-révélation de Dieu à l'humanité ?

- ➲ Est-ce que je connais Dieu ? Par une intuition ? Par l'éducation reçue ? Par ce que j'en ai entendu dire ? Par ce que j'ai lu ? Par une expérience intérieure ?
- ➲ Y a-t-il des questions sur l'existence de Dieu que j'évite, car j'ignore comment y répondre ? Lesquelles ?

3. Toutes les religions se valent-elles ?

Parmi les religions les plus répandues – bouddhisme, judaïsme, christianisme, islam, hindouisme, confucianisme et taoïsme –, il n'y en a qu'une qui parle d'un Dieu qui ait pris chair pour se montrer et vivre parmi les hommes. Une seule religion répond à l'exigence d'un Dieu qui ait parlé un langage humain et qu'on puisse situer historiquement. Il s'agit du christianisme. L'aventure du christianisme est la continuité du judaïsme et ne peut s'expliquer sans lui.

Le Dieu des juifs se fit connaître en premier lieu à Abraham, un homme riche d'Ur en Chaldée (Irak actuel) aux alentours de 2000 ans avant Jésus-Christ. Ce récit nous est parvenu par le livre de la Genèse, le premier livre de la Bible, au chapitre 12. Dieu parla à Abraham et lui demanda de quitter son pays pour aller vers une nouvelle terre, la terre de Canaan (elle correspond aujourd'hui à un territoire incluant l'État d'Israël, les Territoires palestiniens et une partie du Royaume de Jordanie, du Liban et de la Syrie). Ce Dieu était foncièrement différent de tous les dieux que l'on adorait alors. En effet, ce Dieu-là n'avait pas été sculpté de mains d'homme, mais il était un Dieu qui parlait… donc un Dieu vivant ! Abraham fit un acte de foi et crut en ce Dieu qui s'élevait par-dessus tous les dieux. Il devint ainsi le premier et le père de tous les croyants monothéistes. Les descendants d'Abraham, appelés « le peuple des Hébreux », conquirent et s'installèrent dans la terre promise de Canaan. Cette terre prendra désormais le nom de Royaume d'Israël.

Le Dieu des Hébreux serait donc un Dieu qui s'est révélé. Oui, il a parlé ! On ne peut pas ici redire les centaines de pages de la Bible qui nous présentent les grands témoins du Dieu d'Abraham qui se sont succédé au fil des siècles : Moïse, Samuel, David, Élie, Isaïe, Jérémie, Noémie, Esther, Judith…

Cette révélation de Dieu à l'homme contenait encore une promesse qui devait se réaliser dans le temps : la promesse d'un messie ou d'un sauveur du genre humain qui manifesterait en plénitude la relation de Dieu avec l'homme. Cette attente messianique avait déjà été annoncée par écrit des siècles avant son accomplissement, dans différents textes qui forment la Bible que nous connaissons aujourd'hui. Les prophètes annonçaient sa venue, les psaumes la chantaient, les rois hébreux l'attendaient dix siècles déjà avant son avènement ! Ce sauveur si fortement attendu était celui qui libérerait, non seulement le peuple d'Israël, mais aussi l'humanité entière. De quoi l'humanité a-t-elle besoin d'être sauvée ? De l'esclavage dont elle est et sera toujours incapable de se libérer par elle-même : l'esclavage du péché et du mal qui déchire le monde.

Pour accomplir sa promesse messianique, Dieu envoya au sein du peuple hébreu son Fils Jésus-Christ. Dieu est venu habiter parmi nous en son Fils Jésus-Christ ! Le Fils de Dieu, le Verbe de Dieu, c'est-à-dire la Parole ou la Pensée de Dieu, s'est faite chair [13] ! Dieu s'est incarné ! Dieu s'est fait homme ! Dieu s'est révélé clairement et distinctement en Jésus-Christ. Jésus-Christ *est* l'événement le plus important de l'histoire de l'humanité. Il y a un avant et un après cet événement, alors on a fixé l'an zéro à l'année de sa naissance.

Les juifs qui ont reconnu le messie en Jésus-Christ sont devenus et ont été appelés les premiers chrétiens, même si, très vite, le christianisme s'est répandu en milieu païen. C'est ainsi que le christianisme a émergé du judaïsme, tout en gardant la continuité. Juifs et chrétiens partagent de très nombreuses convictions qui en font des frères et des enfants d'Abraham.

> « Le salut est universel, mais il passe par une médiation déterminée, historique : la médiation du peuple d'Israël qui devient ensuite celle de Jésus Christ et de l'Église. La porte de la vie est ouverte pour tous, mais il s'agit bien d'une "porte", c'est-à-dire d'un passage défini et nécessaire. [...] C'est le mystère de l'universalité du salut et, en même temps, de son lien nécessaire avec la médiation historique de Jésus Christ, précédée par celle du peuple d'Israël et prolongée par celle de l'Église. Dieu est amour et veut que tous les hommes participent de Sa vie. [...] Ainsi, il se révèle comme le Dieu d'Abraham,

13. Évangile selon saint Jean 1, 14.

d'Isaac et de Jacob (cf. Ex 3, 6) qui veut conduire son peuple à la "terre" de la liberté et de la paix. Cette "terre" n'est pas de ce monde ; tout le dessein divin dépasse l'histoire, mais le Seigneur veut le construire avec les hommes, pour les hommes et dans les hommes, à partir des critères d'espace et de temps dans lesquels ils vivent et que Lui-même a donnés. »

Pape Benoît XVI[14]

Après que Dieu s'est manifesté en personne pour apporter le salut éternel à la condition humaine, toute révélation nouvelle ou postérieure est superflue. Jésus-Christ étant le Fils de Dieu, tout ce qu'il a dit sur le chemin à emprunter pour avancer vers Lui ne peut être contredit ou complété par aucune autre personne ou philosophie, sauf… par Dieu lui-même. Encore faut-il croire que Dieu puisse se contredire ! Le témoignage de Jésus-Christ prend donc une valeur universelle et définitive.

➲ Suis-je conscient que la foi juive et chrétienne s'inscrit dans un contexte géographique et historique précis ?

➲ Est-ce que je connais et ai-je étudié un tant soit peu l'histoire du peuple des Hébreux, par exemple en lisant les principaux livres de la Bible qui la rapportent, comme la Genèse, l'Exode, le Deutéronome, les Juges, les Rois… ?

---

14. Benoît XVI, Homélie du 10 octobre 2010, à l'occasion de l'ouverture de l'Assemblée spéciale du Synode des évêques pour le Moyen-Orient.

4. Jésus-Christ était-il Dieu ?

Tout au long de l'histoire du peuple des Hébreux, les prophètes se sont succédé, inspirés par l'Esprit Saint pour annoncer et préparer la venue du Messie Sauveur, Jésus-Christ. Le dernier prophète fut Jean Baptiste. C'est lui qui disait :

> *« Voici venir derrière moi celui qui est plus puissant que moi. Je ne suis pas digne de me courber à ses pieds pour défaire la courroie de ses sandales. Moi, je vous ai baptisés dans l'eau ; lui vous baptisera dans l'Esprit Saint. »*
>
> Évangile selon saint Marc 1, 7-8.

Au moment où Jésus se présenta devant lui, Jean Baptiste eut intérieurement la connaissance que celui-là était bien le messie et le Fils de Dieu tant attendu. Il fallait cependant en avoir la certitude. Il envoya donc ses disciples auprès de lui :

> *« Es-tu celui qui doit venir, ou devons-nous en attendre un autre ? »*
>
> Évangile selon saint Luc 7, 20.

C'est cette même question que nous nous posons encore aujourd'hui. Pour tenter d'y répondre, regardons sa vie, ses gestes, ses œuvres :

> *« À ce moment-là, Jésus guérit beaucoup de malades, d'infirmes et de possédés, et il rendit la vue à beaucoup d'aveugles. Puis il répondit aux envoyés : « Allez rapporter à Jean-Baptiste ce que vous avez vu et entendu : les aveugles voient, les boiteux marchent, les lépreux sont*

> *purifiés, les sourds entendent, les morts ressuscitent, la Bonne Nouvelle est annoncée aux pauvres. »*
>
> Évangile selon saint Luc 7, 21-22.

De nombreux textes de l'époque du Christ, rédigés par quelques auteurs non chrétiens, attestent et racontent – non seulement l'existence – mais aussi les faits et gestes de Jésus. Dans la Bible, quatre livres nous racontent la vie de Jésus ; ce sont les Évangiles. En grec, le mot évangile signifie « bonne nouvelle ». Les foules étaient fortement impressionnées par les signes et prodiges réalisés par Jésus : des guérisons spectaculaires en tout genre et même... des réanimations de morts !

Dans l'évangile de saint Jean, nous est racontée la guérison d'un homme aveugle depuis sa naissance.

> *« Je suis la lumière du monde », dit Jésus. Cela dit, il cracha sur le sol et, avec la salive, il fit de la boue qu'il appliqua sur les yeux de l'aveugle, et il lui dit : « Va te laver à la piscine de Siloé. » L'aveugle y alla donc, et il se lava ; quand il revint, il voyait.*
>
> Évangile selon saint Jean 9, 5-7

Aucun médecin ne pouvait (ni ne peut aujourd'hui) guérir ainsi un aveugle. Immédiatement, la guérison est rapportée aux pharisiens, ces hommes experts en théologie, pour qu'ils donnent une explication. La question qui les intéresse est celle-ci : comment un homme peut-il faire de tels signes ? Aucun être humain n'a de tels pouvoirs, si cela ne lui a été donné d'en-haut.

> *« Est-ce un pécheur ? Je n'en sais rien, dit l'homme qui avait été aveugle ; mais il y a une chose que je sais :*

j'étais aveugle, et maintenant je vois. Jamais encore on n'avait entendu dire qu'un homme ait ouvert les yeux à un aveugle de naissance. Si cet homme-là ne venait pas de Dieu, il ne pourrait rien faire. »

Évangile selon saint Jean 9, 25, 32-33.

L'aveugle ayant été guéri dans sa chair est maintenant appelé à être guéri dans sa foi :

Jésus vint trouver l'aveugle qui avait retrouvé la vue et lui dit : « Crois-tu au Fils de l'homme ? » Il répondit : « Et qui est-il, Seigneur, pour que je croie en lui ? » Jésus lui dit : « Tu le vois, et c'est lui qui te parle. » Il dit : « Je crois, Seigneur ! », et il se prosterna devant lui. Jésus dit alors : « Je suis venu en ce monde pour une remise en question : pour que ceux qui ne voient pas puissent voir, et que ceux qui voient deviennent aveugles. »

Évangile selon saint Jean 9, 35-39

Comprenons bien : Jésus ne souhaite à personne de devenir aveugle. Ce qu'Il dit, c'est que face à lui, chacun doit se positionner. Jésus veut nous aider à faire la vérité sur Dieu et sur nous-mêmes. Les vrais aveugles sont ceux qui ne veulent pas croire :

« Les Juifs se groupèrent autour de lui ; ils lui disaient : « Combien de temps vas-tu nous laisser dans le doute ? Si tu es le Messie, dis-le-nous ouvertement ! » Jésus leur répondit : « Je vous l'ai dit, et vous ne croyez pas. Les œuvres que je fais au nom de mon Père, voilà ce qui me rend témoignage. »

Évangile selon saint Jean 10, 24-25.

Les œuvres dont Jésus parle et qui lui rendent témoignage sont innombrables.

Il passa sa vie terrestre à faire le bien et à nous montrer le chemin pour parvenir à Dieu. Il acheva par un sacrifice suprême. « *Ma vie, personne ne la prend*, dit Jésus, *c'est moi qui la donne*[15]. » Jésus offrit sa mort sur la croix pour racheter l'humanité entière du péché et du mal qui la retiennent éloignée de Dieu.

> *« Moi je suis venu pour que les hommes aient la vie, pour qu'ils l'aient en abondance. Je suis le bon pasteur, le vrai berger. Le vrai berger donne sa vie pour ses brebis. »*
>
> Évangile selon saint Jean 10, 10-11.

La passion et la mort de Jésus furent particulièrement violentes et cruelles. On peut relire lentement les chapitres quatorze et quinze de l'évangile selon saint Marc. Pourtant, tout ne termine pas avec la croix.

Trois jours après sa mort, Jésus se manifesta aux siens ressuscité[16], c'est ce qui nous permet d'y croire encore aujourd'hui. Non seulement les chrétiens y croient, mais, en plus, la résurrection constitue le noyau fondamental de leur foi. Si Jésus n'était pas ressuscité, il ne serait qu'un homme – extraordinaire, si vous voulez, mais un homme. Dieu seul est maître de la vie et de la mort ; or, Jésus-Christ a vaincu la mort…

Quarante jours après sa Résurrection, Jésus monta au ciel (c'est ce que nous fêtons le jour de l'Ascension) et il demanda à ses apôtres d'être dans la joie parce qu'il

---

15. Évangile selon saint Jean 10, 18.

16. Première lettre de saint Paul aux Corinthiens 15, 6.

part vers le Père[17]. En partant au ciel, Jésus anticipe et accomplit ce qu'il nous a promis : la vie éternelle auprès du Père pour chacun d'entre nous. Ne permettant donc plus aux apôtres de le voir physiquement, Jésus envoie sur eux l'Esprit Saint (c'est la fête suivie d'un jour encore férié dans notre pays, cinquante jours après Pâques : la Pentecôte) pour rester spirituellement présent en eux et ne pas les laisser orphelins[18].

Jésus seul est et reste – pour de bon et pour toujours – l'Emmanuel, le « Dieu-avec-nous », et nous sommes capables de le connaître encore aujourd'hui grâce à la présence de l'Esprit Saint en nous qui nourrit notre foi.

> *« Le Christ habite en vos cœurs par la foi. »*
>
> Lettre de saint Paul aux Éphésiens 3, 17

Pour nous, aujourd'hui, seule la foi nous permet de rencontrer et de découvrir Jésus. Qu'est-ce que la foi ? Est-ce une intuition ? Une émotion ? Une conviction tangible ? Avançons dans notre réflexion.

➲ Serais-je capable de raconter la vie de Jésus à quelqu'un ?

➲ Comme l'aveugle-né, est-ce que je reconnais Jésus comme étant le Fils de Dieu ? Suis-je capable de dire : « Je crois en toi, Jésus » ?

17. Évangile selon saint Jean 14, 28.

18. Cf. évangile selon saint Jean 14, 18.

5. Jésus est-il une personne vivante ?

Faire l'« expérience » de Dieu signifie rencontrer personnellement Dieu par l'intermédiaire de Jésus-Christ. Seule la rencontre avec « quelqu'un » – avec une personne, et non avec une doctrine – peut assouvir notre recherche d'absolu et de sens.

> « À l'origine du fait d'être chrétien, il n'y a pas une décision éthique ou une grande idée, mais la rencontre avec un événement, avec une Personne, qui donne à la vie un nouvel horizon et par là son orientation décisive. »
>
> Pape Benoît XVI [19]

Il nous faut bien comprendre qu'il existe au moins deux types de connaissance de Dieu. Premièrement, il y a la connaissance héritée de la tradition religieuse et de la famille. Si nous sommes nés dans une famille chrétienne, nous avons entendu parler de Jésus depuis notre enfance.

La deuxième connaissance de Dieu est cependant la plus capitale. Même si nous sommes issus d'une famille chrétienne, il doit y avoir un moment où nous nous reconnaissons en tant que chrétien, non plus parce que nos parents ont fait ce choix pour nous, mais parce que **j'ai découvert que Jésus est toujours vivant, qu'il m'appelle et parce que j'ai une relation directe avec lui.** Nous ne sommes pas chrétiens pour continuer une tradition familiale ; cela n'est pas la raison première de notre foi. **La seule raison valable de notre foi en Jésus, c'est notre relation directe et personnelle avec lui.**

19. Benoît XVI, encyclique *Deus Caritas est*, n° 1.

« On accède à Dieu non par une démarche extérieure – par preuve, argumentation et conclusion –, mais par une démarche intérieure, par expérience et par vérification de cette expérience. Un homme ne devient pas amoureux d'une femme par mariage de raison ! On devient amoureux par rencontre et expérience, par une exultation intérieure. Puis, de l'intérieur de cette expérience, on en appelle à la raison pour vérifier, authentifier et aménager cet amour... Ainsi en est-il de Dieu. Il n'est pas un objet de connaissance parmi tant d'autres que, par un long cheminement raisonné, on finirait par rejoindre ou par manquer. Dieu n'est pas l'Amérique de Christophe Colomb !... Dieu ne peut être connu qu'en étant reconnu : l'homme devient alors croyant en accueillant, vérifiant et aménageant son expérience. »

François Varone, prêtre (1936-)[20]

C'est au moment où nous découvrons cette proximité ou cette intimité avec Jésus que nous entrons dans ce que nous appelons le mystère de « la foi » et que nous pouvons comprendre ces paroles de Jésus : *« Demeurez en moi, comme moi en vous*[21]. *»*

N'oublions pas que nous sommes chrétiens parce que **Jésus est vivant.** Jésus est mort sur la croix et il est ensuite ressuscité. Une foule innombrable de témoins a accrédité ce fait comme un fait historique. Si Jésus est ressuscité, il n'est plus soumis aux lois de la nature. Il vit éternellement.

---

20. François Varone, *Ce Dieu absent qui fait problème*, éd. du Cerf, 1986.

21. Évangile selon saint Jean 15, 4.

Avoir la foi signifie reconnaître que Jésus est ressuscité, qu'il vit, qu'il nous accompagne et qu'il nous attend au ciel après notre mort. Pour nous, chrétiens, Jésus vit pour toujours en Dieu et également en nous par la foi.

Cette expérience d'un Dieu qui vit aujourd'hui peut être décrite par beaucoup d'autres mots encore, mais elle ne se réalisera pas en nous tant que nous ne nous décidons pas à franchir une ultime étape. Toutes nos réflexions se trouvent arrêtées par une barrière. Au-delà de cette barrière, il n'y a plus de mots qui tiennent, plus d'explications possibles, plus d'arguments. Il y a un vide ! Croire, c'est faire un saut dans le vide. On pourrait l'appeler plutôt un saut dans la confiance, puisque notre intelligence a déjà décelé le côté raisonnable et rationnel de la foi.

➲ Pour moi, Dieu est-il une personne réelle et vivante ?

➲ Qu'est-ce qui m'empêche d'adhérer à cette réalité ?

➲ Pourquoi ne pas envisager de parler de mon expérience de Dieu avec un autre croyant ?

Prière :

« Rayonne à travers moi »

Bienheureux John Henry Newman (1801-1890)

« Seigneur Jésus, inonde-moi de ton Esprit et de ta Vie.
Prends possession de tout mon être pour que ma vie
ne soit qu'un reflet de la tienne.
Rayonne à travers moi, habite en moi et tous ceux
que je rencontrerai pourront sentir ta présence auprès de moi.
En me regardant, ils ne verront plus que toi seul, Seigneur !

Demeure en moi et alors je pourrai, comme toi, rayonner,
au point d'être à mon tour une lumière pour les autres,
lumière, Seigneur, qui émanera complètement de toi.
C'est toi qui, à travers moi, illumineras les autres.
Ainsi ma vie deviendra une louange à ta gloire,
la louange que tu préfères, en te faisant rayonner
sur ceux qui nous entourent.
Par la plénitude éclatante de l'amour que te porte mon cœur.
Amen. »

6. Comment rencontrer Jésus-Christ deux mille ans après sa venue ?

Parce que Dieu est Dieu et que nous sommes des humains, nous ne pouvons pas l'atteindre par nos propres forces et nous ne pouvons pas non plus l'obliger à venir à nous. Dieu est infiniment plus grand et meilleur que nous. **Nous ne pouvons que le recevoir**. Et pour le recevoir, il faut avoir soif de lui. Une idée chère au fameux théologien saint Thomas d'Aquin était que nous recevons en proportion de la grandeur de notre récipient[22]. Lorsque nous allons boire à une source, nous prenons l'eau que notre récipient nous permet de prendre. Que nous ayons avec nous un simple verre ou un grand seau, nous prendrons selon sa capacité. Mais la source, elle, ne tarit jamais. Plus notre soif de le recevoir est grande, plus Dieu pourra nous désaltérer. Il nous comble en proportion de notre désir.

22. Cf. St Thomas d'Aquin, *Somme contre les gentils*, I, c.43.

« Je vous aime, ô mon Dieu, et mon seul désir est de vous aimer jusqu'au dernier soupir de ma vie. »

Saint Jean-Marie Vianney (1786-1859), curé d'Ars[23]

Que grandisse en nous le désir de mieux connaître Dieu. Creusons ce désir ! Il doit devenir notre prière.

« Dieu, tu es mon Dieu, je te cherche dès l'aube : mon âme a soif de toi ; après toi languit ma chair, terre aride, altérée, sans eau. Je t'ai contemplé au sanctuaire, j'ai vu ta force et ta gloire. Ton amour vaut mieux que la vie : tu seras la louange de mes lèvres ! Toute ma vie, je vais te bénir, lever les mains en invoquant ton nom. Comme par un festin, je serai rassasié ; la joie sur les lèvres, je dirai ta louange. Dans la nuit, je me souviens de toi et je reste des heures à te parler. Oui, tu es venu à mon secours : je crie de joie à l'ombre de tes ailes. Mon âme s'attache à toi, ta main droite me soutient. »

Psaume 63

Ce Psaume 63 est le psaume de la faim, de la soif, du désir passionné de Dieu. Les psaumes comptent parmi les plus belles prières juives et chrétiennes. Ils ont été composés au fil de l'histoire du peuple des Hébreux et marquent des événements très variés de leur parcours, si bien que nous pouvons toujours en trouver un qui corresponde à ce que nous vivons personnellement. Dieu seul est la source qui peut apaiser notre soif.

« Celui qui boira de l'eau que moi je lui donnerai n'aura plus jamais soif ; et l'eau que je lui donnerai deviendra en

23. Saint Jean-Marie Vianney, *Acte d'amour*.

lui source jaillissante pour la vie éternelle », dit Jésus.

Évangile selon saint Jean 4, 14

Dire à Dieu : « *Mon Dieu je te cherche, j'ai soif de toi* », c'est lui ouvrir la porte d'entrée de notre cœur et de notre vie. « *Un pauvre crie ; le Seigneur entend*[24] », oui, le Seigneur ne peut venir à nous que si nous crions vers lui, si nous nous tournons vers lui et si nous sommes prêts à l'accueillir. Il faut donc d'abord une ouverture de notre intelligence et de notre cœur pour découvrir Dieu. Cela dépend de nous et rejoint la demande de la femme samaritaine à Jésus : « *Seigneur, donne-la-moi, cette eau : que je n'aie plus soif, et que je n'aie plus à venir ici pour puiser*[25]. » **Cette eau, c'est la vertu de la foi qui veut nous être donnée et qui nous permet de connaître Jésus au-delà de la barrière des siècles.**

➲ Ai-je le désir de mieux connaître Jésus ?

➲ Est-ce que je m'adresse humblement à lui en lui demandant cette grâce ?

7. Pourquoi Dieu ne se montre-t-il pas aujourd'hui clairement à chacun d'entre nous ?

Ce serait si simple, pense-t-on, si Dieu se montrait à chacun d'entre nous en faisant un miracle sous nos yeux.

---

24. Psaume 33, 7.

25. Évangile selon saint Jean 4, 15.

Tout le monde se convertirait et croirait en lui sans difficulté… Et pourtant, la vraie grandeur de Dieu se trouve justement dans sa capacité à se faire petit, humble, discret et silencieux, plutôt que de vouloir s'imposer par la force et le pouvoir. Il n'a pas besoin de prouver sa force et son pouvoir, puisqu'il est l'auteur de tout ce qui « est ». Tout lui appartient déjà. Il n'a pas à justifier qui il est à nos yeux, puisque c'est lui qui nous a créés. Il pourrait en un clin d'œil nous convaincre et nous amener à lui. Mais cette manière de faire ne révélerait pas son intelligence et encore moins son cœur, mais seulement sa force.

> « C'est bien le propre du mystère de Dieu d'agir de manière humble. C'est seulement petit à petit qu'il construit dans la grande histoire de l'humanité son histoire. Il se fait homme, mais d'une telle manière qu'il peut être ignoré de ses contemporains, des forces autorisées de l'histoire. Il souffre et il meurt et, comme Ressuscité, il ne veut atteindre l'humanité qu'à travers la foi des siens auxquels il se manifeste. Continuellement, il frappe humblement aux portes de nos cœurs et, si nous lui ouvrons, lentement il nous rend capables de "voir". Et pourtant, n'est-ce pas là justement le style du divin ? Ne pas écraser par la puissance extérieure, mais donner la liberté, donner et susciter l'amour. »
>
> Pape Benoît XVI [26]

Ce qui fait la grandeur de Dieu, ce n'est pas d'imposer son existence et sa présence à l'humanité. Dans ce cas, nous ne serions que des marionnettes, des robots ou des esclaves forcés de lui obéir. Dieu veut des hommes

---

26. Benoît XVI, *Jésus de Nazareth, De l'entrée à Jérusalem à la Résurrection*, éd. du Rocher, p. 310-311, 2011.

et des femmes qui l'aiment librement. Il respecte notre liberté jusqu'au bout. Pour ne pas s'imposer à nous, il se laisse chercher et trouver. Notre liberté est si sacrée que Dieu ne pourra pas même nous sauver sans notre accord et sans notre coopération. C'est là un grand mystère : Dieu est si respectueux de sa création qu'il l'honore en lui confiant la liberté.

Le chemin qui mène à Dieu est un chemin dans la nuit de la foi où brillent seulement quelques étoiles. Comme pour les Bédouins du désert, elles suffisent à les orienter et à les guider. Elles annoncent et précèdent la venue du jour nouveau. La nuit rappelle à l'homme qui il est : un être qui a besoin de la lumière d'un autre pour se connaître et pour avancer.

> « S'il n'y avait point d'obscurité, l'homme ne sentirait pas sa corruption ; s'il n'y avait point de lumière, l'homme n'espérerait point de remède. Ainsi, il est non seulement juste, mais utile pour nous, que Dieu soit caché en partie et découvert en partie, puisqu'il est également dangereux à l'homme de connaître Dieu sans connaître sa misère et de connaître sa misère sans connaître Dieu. »
>
> Blaise Pascal (1623-1662), philosophe[27]

- Ai-je compris que je suis libre de faire ou de ne pas faire une démarche vers Dieu et que lui ne m'y forcera jamais ?
- Est-ce qu'il m'arrive de demander des signes ou des miracles à Dieu, plutôt que d'apprendre à déceler sa présence discrète dans l'ordinaire de ma vie ?

---

27. Blaise Pascal, *Pensées*, édition de Michel Le Guern, Gallimard, 2004, n° 416, p. 270.

Une prière :
« Tard je t'ai aimé »
Saint Augustin (354-430), Confessions X, 27, 38

« Bien tard je t'ai aimée, ô beauté si ancienne et si nouvelle,
bien tard je t'ai aimée !
Et voici que tu étais au-dedans, et moi au-dehors
et c'est là que je te cherchais, et sur la grâce de ces choses
que tu as faites, pauvre disgracié, je me ruais !
Tu étais avec moi et je n'étais pas avec toi ;
elles me retenaient loin de toi, ces choses qui pourtant,
si elles n'existaient pas en toi, n'existeraient pas !
Tu as appelé, tu as crié et tu as brisé ma surdité ;
tu as brillé, tu as resplendi et tu as dissipé ma cécité ;
tu as embaumé, j'ai respiré et haletant j'aspire à toi ;
j'ai goûté, et j'ai faim, et j'ai soif ;
tu m'as touché, et je me suis enflammé pour ta paix. »

III

Dieu parle-t-il ?

« Celui qui croit en moi, ce n'est pas en moi qu'il croit, mais en celui qui m'a envoyé ; et celui qui me voit voit celui qui m'a envoyé. Moi qui suis la lumière, je suis venu dans le monde pour que celui qui croit en moi ne demeure pas dans les ténèbres. Si quelqu'un entend mes paroles et n'y reste pas fidèle, moi, je ne le jugerai pas, car je ne suis pas venu juger le monde, mais le sauver. »

Évangile selon saint Jean 12, 44-47

1. Dieu a-t-il déjà parlé en direct ?

> *« Nul n'a jamais vu Dieu ; le Fils unique, qui est tourné vers le sein du Père, lui, l'a fait connaître. »*
>
> Évangile selon saint Jean 1, 18

Par cette phrase du Prologue de l'évangile selon saint Jean, nous constatons que, d'emblée, Dieu a le grand désir d'être connu. Il n'est pas un Dieu qui veut rester dans l'anonymat, mais, au contraire, il veut communiquer. Il veut révéler et dire quelque chose de lui-même. Dans l'Ancien Testament, il parlait par la bouche des prophètes et, par ce biais, il faisait connaître ses volontés, tout en annonçant un messie qui viendrait. Alors, l'inimaginable arriva : Dieu ne parla plus par des intermédiaires, mais il envoya son Fils parmi nous, en la personne de Jésus. Dieu se fit homme. Jésus *est* la Parole de Dieu dans nos vies.

Tout comme la parole est le fruit d'une pensée, ainsi en est-il de Jésus qui nous révèle l'intimité de Dieu et son projet de salut offert à l'humanité.

> *« Croyez ce que je vous dis : je suis dans le Père, et le Père est en moi ; si vous ne croyez pas ma parole, croyez au moins à cause des œuvres. »*
>
> Évangile selon saint Jean 14, 11

Ce ne sont plus des mots ou des phrases que Dieu veut nous dire, mais c'est sa présence incarnée en la personne de Jésus. Dieu vient parmi nous pour nous proposer l'intimité avec lui. Il se rend désormais accessible en Jésus.

Le projet de salut de Dieu sur l'humanité va nous être donné par la prédication de Jésus, par ses actes, ses gestes de charité et de liberté, par ses miracles et par le don de sa vie sur la croix. Pour mieux connaître Jésus, il est nécessaire de relire les quatre évangiles.

Jésus devient celui qui marche et avance à nos côtés chaque jour. Parce qu'il est ressuscité, il est toujours présent à chacune de nos vies. Et à tous ceux qui lui ouvrent leur intelligence et leur cœur, il leur fait le don de la foi qui apporte un sens nouveau à leur vie. Il leur permet de déceler la présence de Dieu au quotidien et de s'enraciner dans l'espérance de la vie éternelle.

Jésus est donc la Parole de Dieu, car il nous transmet tout ce que Dieu veut que nous sachions. Or, ce que Dieu veut que nous sachions a été mis par écrit au fil des siècles et nous est accessible dans la Bible. Nous pouvons donc dire que la Bible « contient » la Parole de Dieu. Attention, il ne s'agit pas de simples ou vaines paroles creuses ! La Parole de Dieu est plus qu'une parole. Elle est une personne. Elle est efficace, c'est-à-dire qu'elle fait ce qu'elle dit. Si nous l'accueillons, elle peut produire ce qu'elle dit, elle peut toucher notre cœur et le transformer.

➲ Ai-je intégré que le meilleur chemin pour atteindre Dieu est celui que m'offre Jésus ?

➲ Ai-je une Bible chez moi ?

Prière :
« Acte d'espérance »
« Mon Dieu, j'espère avec une ferme confiance
que vous me donnerez, par les mérites de Jésus-Christ,
votre grâce en ce monde et le bonheur éternel dans l'autre,
parce que vous l'avez promis et que vous tenez toujours
vos promesses. Dans cette foi, je puis vivre et mourir. Amen. »

2. La Bible est-elle toujours d'actualité ?

Trop souvent, des incroyants disent naïvement et non sans ironie que la Bible raconte des histoires qui ne tiennent pas debout et qui sont dignes des petits enfants... bref, des contes de fées qui n'apportent rien !

Commençons par rappeler que le mot Bible vient du grec *Biblia* qui signifie « livres » ou « bibliothèque ». Dans une bibliothèque, que trouvons-nous ? Des livres d'auteurs et d'époques différents, sur des thèmes très variés et avec des genres littéraires de toutes sortes.

Il semble évident que nous ne lisons pas *Harry Potter* avec le même œil qu'un livre d'histoire ou qu'une encyclopédie. De la même manière, nous trouvons dans la Bible à la fois des livres historiques et des livres allégoriques.

Prenons comme exemple le récit de la création de l'univers en six jours qui se trouve dans le livre de la Genèse. Il s'agit bien évidemment d'un récit de type allégorique. La science se charge de nous expliquer *comment* l'univers est né et *comment* la vie s'est développée sur la Terre, progressivement et par étapes, sur des millions d'années. La Bible, quant à elle, nous donne **un**

message avec un sens spirituel ; pour le comprendre, il faut en faire l'interprétation, un peu comme dans une fable de Jean de La Fontaine. Le message spirituel de la création en six jours, puis de son repos le septième jour, c'est que Dieu est à l'origine de toute chose et que Dieu, dans son plan originel, a créé un monde ordonné et bon. Le chiffre sept exprime cette idée de totalité et de perfection.

Prenons un autre exemple. Dans le livre de la Genèse, au chapitre premier, il nous est dit que l'homme et la femme furent créés à l'image et à la ressemblance de Dieu. Mais comment pouvons-nous ressembler à Dieu s'il n'a pas de corps et s'il est un pur esprit ? Il est nécessaire de bien saisir le sens spirituel de ce genre de récits, car alors, on se rendra compte qu'ils n'ont pas du tout la prétention de faire de la science ! La grande définition de Dieu, nous le verrons dans la troisième partie, c'est qu'il s'identifie avec l'amour. Dieu est amour. Lorsque le livre de la Genèse nous dit que nous avons été faits à l'image et à la ressemblance de ce Dieu d'amour, nous comprenons que nous sommes faits pour être aimés et pour aimer à la manière de Dieu.

De nombreux autres récits bibliques demandent à être interprétés, tels que l'apparition du mal, du désordre et de la souffrance dans le monde mis en image par Adam, Ève, le serpent et la pomme, ou encore l'histoire de Jonas dans le ventre de la baleine… Certains textes sont difficiles et demandent un éclairage pour bien les comprendre. N'hésitons pas à nous renseigner !

➲ Ai-je l'habitude de feuilleter ma Bible ?

- ➲ Sais-je différencier les textes de type historique et allégorique ?
- ➲ Y a-t-il un texte que j'aime particulièrement et pourquoi ?

3. Comment s'y prendre pour connaître Jésus ?

Jésus-Christ étant le « Dieu fait homme » et « la Parole » que Dieu veut nous adresser, il est indispensable de s'appliquer à le découvrir et à mieux le connaître. Saint Jérôme, père de l'Église latine et grand traducteur de la Bible, disait que « méconnaître les Écritures, c'est méconnaître le Christ[28] ». La connaissance de Jésus s'acquiert à travers la lecture et la méditation de la Parole de Dieu, surtout les récits évangéliques où nous est racontée sa vie.

Pour que la lecture et la réflexion des Évangiles deviennent une nourriture solide pour sa vie personnelle, il faut approfondir le texte et le goûter intérieurement.

Apprenons donc à contempler Jésus dans quelques grands moments de sa vie. Commençons avec le chapitre 13 de l'évangile selon saint Jean, où Jésus se met à genoux pour laver les pieds de chacun de ses disciples. *« Vous m'appelez Maître et Seigneur, et vous dites bien, car je le suis. Si donc je vous ai lavé les pieds, moi le Seigneur et le Maître, vous aussi vous devez vous laver les pieds les uns aux autres[29] ».*

En contemplant cette scène, nous constatons combien l'attitude de serviteur est prédominante en Jésus.

---

28. Saint Jérôme, *Commentaire à Isaïe*, Prologue, PL 24, 17.

29. Évangile selon saint Jean 13, 12-14.

Sans avoir la prétention d'épuiser le sens du texte, apprenons à en tirer des enseignements. Jésus est l'humilité incarnée et il lui importe peu d'être considéré comme le maître et Seigneur. Ce qu'il veut, c'est enseigner l'amour sans limite. En définitive, c'est son amour pour nous que nous contemplons ! L'amour est toujours humble, alors Dieu s'abaisse devant sa créature pour lui montrer son amour. Des questions jailliront automatiquement en nous face à l'exemple de Jésus : pourquoi m'aimes-tu ainsi, Seigneur ? Qui suis-je pour que tu m'aimes ainsi ?

Et voilà que résonne également en nous l'invitation de Jésus : *« Vous aussi, vous devez vous laver les pieds les uns aux autres. »* Qu'est-ce que cela signifie dans ma vie ? Jésus, que veux-tu de moi ?

Nous ne pouvons le connaître que si nous le contemplons avec notre cœur en cherchant à intérioriser son enseignement. C'est bien cela, la contemplation : regarder avec le cœur ! Ce n'est pas une réflexion théorique ou une analyse de texte. Contempler, c'est se laisser entraîner et élever vers ce qui est beau, vrai et bien. Mon Seigneur et mon Dieu me lave les pieds, car il m'aime. Il s'abaisse pour moi.

> « Jésus est pour moi le Livre des livres dans lequel il m'est permis de lire sans relâche. C'est par ce livre que le Seigneur m'a appris tout ce que je sais et que je dois faire. Du saint tabernacle d'où il me parle, il m'a rassasiée. »
>
> Marthe Robin [30] (1902-1981)

30. J.-J. Antier, *Marthe Robin : Le voyage immobile*, éd. Perrin, 1996, p. 47.

Tu veux connaître Jésus ? Contemple-le à chaque étape de sa vie par le biais des Évangiles. Tu le découvriras alors, d'une part avec ton intelligence et d'autre part affectivement, dans ton cœur. C'est là le début d'une relation personnelle avec Dieu.

➲ L'Évangile m'est-il familier ?

➲ Qu'est-ce qui m'empêche de lire un passage de l'Évangile chaque jour ?

4. Jésus peut-il s'adresser à moi ?

Par la foi, le chrétien sait que Jésus pose à chaque instant son regard sur lui. Voyons Zachée qui nous est présenté dans l'évangile selon saint Luc.

> *Jésus traversait la ville de Jéricho. Or, il y avait un homme du nom de Zachée ; il était le chef des collecteurs d'impôts, et c'était quelqu'un de riche. Il cherchait à voir qui était Jésus, mais il n'y arrivait pas à cause de la foule, car il était de petite taille. Il courut donc en avant et grimpa sur un sycomore pour voir Jésus qui devait passer par là. Arrivé à cet endroit, Jésus leva les yeux et l'interpella : « Zachée, descends vite : aujourd'hui il faut que j'aille demeurer dans ta maison. » Vite, il descendit, et reçut Jésus avec joie. Voyant cela, tous récriminaient : « Il est allé loger chez un pécheur. » Mais Zachée, s'avançant, dit au Seigneur : « Voilà, Seigneur : je fais don aux pauvres de la moitié de mes biens, et si j'ai fait du tort à quelqu'un, je vais lui rendre quatre fois plus. » Alors Jésus dit à son sujet : « Aujourd'hui, le salut est arrivé pour cette maison, car lui aussi est un fils d'Abraham. En effet, le*

> *Fils de l'homme est venu chercher et sauver ce qui était perdu. »*
>
> Évangile selon saint Luc 19, 1-10

Zachée veut voir Jésus et n'a pas peur de friser le ridicule pour y parvenir. Le voilà sur un sycomore ! En fait, c'est Jésus qui le cherche du regard. Jésus va même plus loin, puisqu'il lui adresse la parole et s'invite chez lui. Zachée est surpris au plus haut point, il n'en revient pas, lui qui ne mérite pas spécialement la considération des juifs : il est collecteur d'impôts et est donc considéré comme un collaborateur de l'ennemi romain.

Pourtant, Jésus le devance et s'invite dans sa maison. Zachée est heureux, on ne le reconnaît plus, il saute de joie. C'est une vraie conversion qui s'opère en lui. Il reconnaît publiquement ses torts et s'engage à réparer en rendant beaucoup plus qu'il n'a volé. C'est maintenant un autre homme. Voilà ce que fait la rencontre avec Jésus ! Elle nous transforme et nous tire vers le haut.

« Zachée, descends vite, aujourd'hui il faut que je demeure chez toi[31] », lui dit Jésus. Jésus semble pressé. C'est que, lorsqu'un cœur le rencontre, le changement est imminent, la conversion n'attend pas. Zachée ne doute pas un instant et emmène Jésus chez lui, dans sa demeure. C'est en cela que consiste la conversion :

> *« Demeurez en moi, comme moi en vous. De même que le sarment ne peut pas porter du fruit par lui-même s'il ne demeure pas sur la vigne, de même vous non plus, si vous ne demeurez pas en moi. »*
>
> Évangile selon saint Jean 15, 4.

---

31. Évangile selon saint Luc 19, 5.

Avec Jésus, notre vie porte ses plus beaux fruits. C'est ainsi que Zachée a trouvé la force de changer de vie.

Cela est rendu possible grâce à l'initiative directe de Jésus. Tout comme pour Zachée, Jésus connaît parfaitement notre cœur, notre vie, nos actions, nos désirs et il n'a qu'une vue sur nous : nous tirer vers le haut, nous attirer à lui, nous permettre de donner le meilleur de nous-mêmes. Jésus s'intéresse à toi avec une préférence et une prédilection indescriptibles. Il cherche à s'adresser à toi, c'est dans ta maison qu'il veut demeurer, mais pour le savoir, encore faut-il que tu montes sur un sycomore pour pouvoir le voir et l'entendre te le dire...

➲ Est-ce que je permets à Jésus de s'approcher de moi, par exemple en lui consacrant un moment chaque jour ?

➲ Est-ce que je suis prêt à faire quelque effort pour lui permettre de m'interpeller, par exemple en entrant dans une église, en ouvrant ma Bible ou en allant parler à un prêtre ?

5. Jésus m'aime-t-il, moi ?

Si nous nous mettons à la recherche de Jésus, immédiatement il trouvera mille et une manières de se manifester à nous et de nous attirer à lui. À nous d'apprendre à nous laisser regarder par Jésus et à vivre en sa présence. Son regard n'est autre qu'un regard bienveillant et plein de tendresse qui traduit celui de Dieu le Père.

Voyons comment le regard de Jésus s'est posé sur un certain jeune homme. Celui-ci est sur le point de prendre ou de laisser passer une des opportunités les plus importantes de sa vie. Saura-t-il peser la grandeur de ce moment ?

> *Jésus se mettait en route quand un homme accourut vers lui, se mit à genoux et lui demanda : « Bon maître, que dois-je faire pour avoir en héritage la vie éternelle ? » Jésus lui dit : « Pourquoi m'appelles-tu bon ? Personne n'est bon, sinon Dieu seul. Tu connais les commandements : Ne commets pas de meurtre, ne commets pas d'adultère, ne commets pas de vol, ne porte pas de faux témoignage, ne fais de tort à personne, honore ton père et ta mère. » L'homme répondit : « Maître, j'ai observé tous ces commandements depuis ma jeunesse. » Posant alors son regard sur lui, Jésus se mit à l'aimer. Il lui dit : « Une seule chose te manque : va, vends tout ce que tu as, donne-le aux pauvres et tu auras un trésor au ciel ; puis viens et suis-moi. » Mais lui, à ces mots, devint sombre et s'en alla tout triste, car il avait de grands biens.*
>
> Évangile selon saint Marc 10, 17-22

Jésus fait preuve d'une confiance énorme envers ce jeune. Il lui fait le don de son amitié. Or, l'amitié avec Dieu est de l'ordre de l'amour, nous pourrions même dire qu'elle est de l'ordre des « épousailles », car il s'agit de l'union éternelle entre Dieu et l'âme qu'il choisit.

Le jeune homme a bien compris que le don qui lui est proposé ici a une valeur inestimable et unique. C'est un trésor que Dieu seul pouvait donner et qui ne peut donc être reçu que dans la foi.

Dieu nous a créés pour le bonheur, non seulement sur cette terre, mais également au ciel. Une seule condition est nécessaire pour l'obtenir : c'est de suivre le chemin par lequel il nous appelle. Nous avons la volonté de le suivre, mais est-ce facile ? Puisqu'il ne s'agit pas seulement d'être honnête, de suivre les commandements et de ne faire de mal à personne… Si l'on en croit ce texte de l'évangile, pour obtenir la vie éternelle, tout cela ne suffit pas. Tout cela n'est pas la perfection. La perfection consiste plutôt à se laisser regarder par Jésus et à lui répondre en empruntant le chemin de l'amitié et de l'amour.

Mais le jeune homme ne le comprit pas, ou alors il était trop attaché aux choses de ce monde. L'Évangile nous dit qu'il est reparti « tout triste » ; triste de ne pas avoir eu le courage de choisir l'amitié avec Jésus avant les richesses.

Il nous est très facile à nous aussi de repousser les invitations que Jésus nous fait, parce que nous pensons qu'il nous en demandera trop. Depuis trop longtemps, nous nous faisons une image de la vie chrétienne comme étant pleine de renoncements, d'austérité et de tristesse. Et c'est ainsi que nous préférons rester un peu à l'écart des exigences de l'Évangile, pour être sûrs que Jésus ne viendra pas nous ôter nos plaisirs, nos commodités, nos habitudes… car nous avons une malheureuse tendance à croire que Dieu va nous les prendre et nous en priver ! De même, nous pensons que prier est quelque chose de très compliqué ; nous avons peur que si Dieu entre dans notre vie, nous devions lui dédier beaucoup de temps (alors que déjà nous manquons de temps pour nous occuper de nous-même)… Il s'ensuit que nous fuyons Dieu, nous culpabilisons un peu, nous avons honte de nous-mêmes, nous nous attristons et nous finissons par nous éloigner de ce Dieu dont nous ne serons jamais assez dignes… Écoutons plutôt ce qu'il a à nous dire :

> « Je connais ta misère, les combats et les tribulations de ton âme ; la faiblesse et les infirmités de ton corps ; je sais ta lâcheté, tes péchés, tes défaillances, je te dis quand même : donne-moi ton cœur, aime-moi comme tu es. Si tu attends d'être un saint pour te livrer à l'amour, tu ne m'aimeras jamais. Même si tu retombes souvent dans ces fautes que tu voudrais ne jamais connaître, même si tu es lâche dans la pratique de la vertu, je ne te permets pas de ne pas m'aimer. Aime-moi comme tu es. À chaque instant et dans quelques positions que tu te trouves, dans la ferveur ou dans la sécheresse, dans la fidélité ou dans l'infidélité. »
>
> Texte anonyme

➲ Suis-je engagé sur un chemin d'amitié avec Jésus ?

➲ Ai-je compris que Jésus n'attend pas de moi que je sois parfait, mais que je l'aime ?

➲ Lorsque je me suis éloigné du chemin qui mène à Dieu, ai-je gardé la confiance en son pardon et en son amour sans limite ?

Prière :

« Je t'aimerai »

Bernard de Clairvaux (1090-1153)

« Je t'aimerai, Seigneur, toi ma force et mon appui,
mon refuge et mon libérateur !
Tu es pour moi tout ce qu'on peut désirer
et aimer le plus fort.
Mon Dieu, mon soutien, je t'aimerai,
non certes autant que tu le mérites,
mais autant que tu m'en donneras le pouvoir ;
ce ne sera pas bien sûr autant que je le dois,
mais bien autant que je le peux,
car il m'est impossible de t'aimer au-delà de mes forces.
Je t'aimerai davantage si tu m'en donnes la force,
mais ce ne sera jamais autant que tu en es digne.
Tes yeux voient mon insuffisance,
mais je sais que tu inscris dans ton livre
ceux qui font ce qu'ils peuvent,
lors même qu'ils ne peuvent pas tout ce qu'ils doivent. »

IV

Comment entrer en relation d'amitié avec Dieu ?

« Si tu savais le don de Dieu. »
Évangile selon saint Jean 4, 10

1. Qu'est-ce que la prière ?

La prière est l'amitié entre l'homme et Dieu. Elle exprime le lien qui existe en eux. Pour cela même, elle est essentielle. Sans elle, le chrétien n'est chrétien que de nom. « Être chrétien », c'est vivre avec et en Dieu ; cela ne se peut que par le contact avec lui. C'est cela la prière.

Ce contact avec Dieu n'est pas complètement comparable à la communication humaine, sans quoi on penserait que Dieu reste sourd à nos prières et qu'il ne répond presque jamais. Pourtant, Dieu nous regarde toujours avec amour, jamais avec indifférence. L'ennui, la peur du vide ou du silence et le manque de temps pour prier peuvent nous décourager. Pourtant, la prière est autre chose : **c'est entrer dans le mystère du dialogue entre Dieu et l'homme**. C'est laisser entrer Dieu dans le plus concret de notre vie pour mieux le connaître et aussi pour l'entendre dire les choses qu'il a à nous dire, par exemple sur le choix de notre vocation, sur la façon de mener notre travail, nos amitiés, nos vacances, etc. La prière traduit notre relation à Dieu, comme une relation amicale ou un cœur à cœur avec lui.

> « Mes enfants, vous avez un petit cœur, mais la prière l'élargit et le rend capable d'aimer Dieu. »
>
> Saint Jean-Marie Vianney (1786-1859), curé d'Ars[32]

Rencontrer Dieu dans la prière, c'est comme rencontrer un ami, mais avec une différence : Dieu est un ami qui nous dépasse infiniment. Pour se tenir en sa

32. *Sermons du saint Curé d'Ars.*

présence, il faut être humble et disponible, car… il est Dieu ! Parfois, nous prenons sa place et nous voulons lui imposer nos règles. N'oublions pas que l'amitié avec lui est un don qui n'a pas de prix.

> « La prière est amour. C'est le contact journalier, continu, de jour et de nuit avec le grand ami de notre âme, le Christ. C'est l'amitié ininterrompue avec lui, la proximité de son cœur avec le nôtre, de sa vie avec la nôtre, de sa pensée avec la nôtre. C'est cela l'amour et c'est cela la prière ! »
>
> Paroles d'un religieux

➲ Pour moi, la prière est-elle un acte froid et impersonnel, une contrainte, ou un cœur à cœur avec quelqu'un que j'aime ?

➲ Ai-je le réflexe de demander conseil à un chrétien engagé pour avancer dans ma vie de prière ?

Prière :
« Acte d'amour »

Saint Jean Marie Vianney,
curé d'Ars (1786-1859)

« Je vous aime,
ô mon Dieu,
et mon seul désir
est de vous aimer
jusqu'au dernier soupir de ma vie.
Je vous aime,

ô Dieu infiniment aimable
et j'aimerais mieux
mourir en vous aimant
que de vivre un seul instant
sans vous aimer. »

2. À quoi sert-il de prier ?

Voilà la première question qui surgit lorsqu'on parle de la prière. À quoi sert-elle ? Quels résultats immédiats et quelle sorte de bienfaits nous apporte-t-elle ? Si nous n'avons pas assez de temps pour faire tout ce que nous avons à faire dans une journée, comment perdre du temps à… prier ?

Il faut commencer par se dire que la prière ne sert pas à quelque chose. Elle n'a pas de finalité matérielle et ne produit pas non plus de résultat tangible. Elle n'est pas uniquement une des nombreuses obligations du chrétien…

La prière, c'est beaucoup plus beau que cela. D'abord, c'est une démarche gratuite et libre. C'est le chemin qui conduit à l'amitié entre Dieu et nous-mêmes. Dans une amitié, on ne calcule pas ce que l'on donne ni ce que l'on reçoit. On ne calcule pas non plus le temps qu'on y met. « Oh, je t'ai déjà accordé dix minutes, c'est bien assez, je repars à mes occupations ! » L'ami est toujours là quand on a besoin de lui.

Dans la prière, nous rencontrons Dieu comme un ami. Que nous apporte-t-il ? Sa présence, sa confiance, sa sérénité, son optimisme… Nous y puisons réconfort et espérance. La prière ne rend pas la vie plus facile, mais elle nous permet de vivre ce que nous sommes et ce que nous devons affronter chaque jour avec la force et la paix de Dieu.

> « Ne dis pas, après avoir longtemps persévéré dans la prière, que tu n'es arrivé à rien ; car tu as déjà obtenu un résultat. Quel plus grand bien, en effet, que de s'attacher au Seigneur et de persévérer sans relâche dans cette union avec lui. »
>
> Saint Jean Climaque[33] (575-650), moine

La prière ouvre notre vie de tous les jours à une dimension nouvelle, car la présence de Dieu illumine chaque rencontre, chaque souci et chaque problème d'une lumière différente. Le contact avec Dieu nous aide à nous recentrer sur l'essentiel, à ne pas nous laisser nous enliser dans nos multiples activités et à voir plus clair en nous.

> « Ceux qui ne prient pas se courbent vers la terre, comme une taupe qui cherche à faire un trou pour s'y cacher. Ils sont tout terrestres, tout abrutis, et ne pensent qu'aux choses du temps. Celui qui ne prie pas est encore comme un de ces oiseaux pesants, qui ne peuvent s'élever dans les airs ; s'ils volent un peu, ils retombent aussitôt et, grattant la terre, ils s'y enfoncent, s'en couvrent la tête et semblent ne prendre plaisir qu'à cela. Celui qui prie, au contraire, est un aigle intrépide, qui plane dans l'air et semble toujours vouloir se rapprocher du soleil. Voilà le bon chrétien sur les ailes de la prière. Oh ! Que c'est beau, la prière ! »
>
> Saint Jean-Marie Vianney (1786-1859), curé d'Ars[34]

33. Saint Jean Climaque, *L'échelle sainte, Spiritualité orientale*, éd. Bellefontaine, n° 24, 1978, 28.32, p. 295.

34. *Sermons du saint Curé d'Ars.*

- Est-ce que je comprends que, comme l'amitié, la prière est un acte gratuit ?
- Qu'est-ce que j'attends de la prière ?

3. Où et quand prier ?

> *« Lorsque tu pries, entre dans ta chambre, et, ta porte fermée, prie ton Père qui est dans le secret. Et ton Père, qui voit dans le secret, te le rendra. »*
>
> Évangile de saint Matthieu 6, 6

Comme nous le dit Jésus dans l'évangile de saint Matthieu, il y a un cadre plus propice à la rencontre avec Dieu : c'est le silence et le recueillement. Dieu semble se montrer et se révéler – du moins la plupart du temps – dans la discrétion. Dans le silence de notre cœur – pourquoi pas en fermant les yeux –, cherchons à nous mettre en « présence de Dieu ». Il s'agit de prendre conscience de la présence de Dieu devant nous, avec nous et à notre écoute. Dieu est présent à notre cœur. C'est dans le secret de notre être qu'il vient à notre rencontre.

> « Ne va pas au dehors, rentre en toi-même. C'est dans l'homme intérieur qu'habite la vérité. »
>
> Saint Augustin, évêque (354-430)

Pour prier, commençons par choisir et fixer un moment dans notre journée. Il faut prendre la ferme résolution de le défendre chaque jour au milieu des mille autres occupations que nous avons. Le succès dans l'amitié est la fidélité. Et la fidélité ne se vit pas sans la constance et la régularité.

> « Et maintenant, homme de rien, fuis un moment tes occupations, cache-toi un peu de tes pensées tumultueuses. Rejette maintenant tes pesants soucis, et remets à plus tard tes tensions laborieuses. Vaque quelque peu à Dieu, et repose-toi quelque peu en Lui. Entre dans la cellule de ton âme, exclus tout hormis Dieu et ce qui t'aide à le chercher ; porte fermée, cherche-le. Dis maintenant, tout mon cœur, dis maintenant à Dieu : je cherche ton visage ; ton visage, Seigneur, je le recherche. Et maintenant, Toi Seigneur mon Dieu, enseigne à mon cœur où et comment Te chercher, où et comment Te trouver. »
>
> Saint Anselme (1033-1109), évêque[35]

Une fois que l'heure de la prière a été fixée, il convient de choisir le lieu. Il y a des lieux plus favorables que d'autres à la prière. Si nous prions devant la télévision allumée, il est très difficile de rencontrer la présence silencieuse de Dieu en nous-mêmes. Par contre, si nous entrons dans une église, là nous trouvons un cadre qui porte au recueillement : le silence, une image ou une statue, la présence sacramentelle de Jésus dans l'Eucharistie[36].

Il est important de pouvoir également prier chez soi et de rencontrer Dieu dans notre maison. Pour cela, on peut aménager un « coin prière » chez soi avec une croix, une belle image religieuse ou une icône, une Bible ouverte, un cierge…

---

35. Saint Anselme DE CANTERBURY, *Proslogion*, 1.

36. Au sujet de l'Eucharistie, se reporter aux questions 5 et 6 du dernier chapitre de ce livre.

Pour certains, la prière naît spontanément en eux lorsqu'ils se trouvent en pleine nature, devant un paysage extraordinaire. La grandeur et la beauté de la création leur parlent clairement du Créateur.

- ➲ Le silence me fait-il peur ? Pourquoi ?
- ➲ Ai-je le réflexe de remplir mes moments de silence et de solitude par de la musique, par la télévision, par des paroles, etc. ?
- ➲ Combien de moments effectifs de silence ai-je dans ma journée ? Est-ce que j'en profite pour m'unir à Dieu ?
- ➲ Est-ce que je prie régulièrement ? Quand ? Où ?

4. Comment prier ?

Nous n'évoquerons ici que quelques conseils pour se lancer dans la prière. Pour aller plus loin, d'autres ouvrages vous sont proposés à la fin de ce livre.

Notre point de départ sera toujours de considérer la prière comme une rencontre, un cœur à cœur avec notre meilleur ami. Les formules toutes faites, les paroles répétées machinalement ou les longs monologues ne constituent pas forcément une prière jaillie du cœur…

> « Je dis tout simplement au Bon Dieu ce que je veux lui dire, sans faire de belles phrases, et toujours il me comprend. »
>
> Sainte Thérèse de Lisieux (1873-1897), religieuse carmélite, docteur de l'Église

On peut commencer la prière à partir du « Notre Père » ou de la prière d'un saint. On peut également s'appuyer sur un verset de l'Écriture, d'un psaume, par exemple. Mais on peut aussi tout simplement commencer à prier à partir de ce qui nous habite : un souci, une préoccupation, une bonne nouvelle, une grâce reçue... Ce qui compte, c'est de se servir de cela pour rebondir en s'adressant à Dieu : « Seigneur, que veux-tu de moi ? » « Que dois-je faire ? » « Que veux-tu me dire aujourd'hui ? »

Souvent, nous aurons une demande à lui adresser, un pardon à lui demander, une force à obtenir, une réponse à entendre, un merci à lui donner... Bref, il s'agit de lui parler comme on parlerait à un grand ami.

> « Prier, ce peut être lire le journal, habité par cette présence et intercéder pour le monde. Prier, c'est parcourir la ville, offrir à Dieu ses joies et ses beautés, lui confier ses détresses. Prier, c'est louer pour les merveilles de la création. C'est aussi plonger dans son cœur, au cours d'un entretien avec une personne qui souffre, et la confier à la tendresse du Père. Prier, c'est offrir mon travail, avant, pendant et après, supplier pour que réussisse mon ouvrage et qu'il contribue à servir mes frères, et à faire avancer la civilisation de l'amour. Non, prier, ce n'est pas s'évader, mais c'est imprégner le plus réel de ma vie de cette présence aimante et agissante qui vit au cœur de mon cœur et qui est Dieu lui-même. »
>
> Une religieuse

➲ Quelles formes de prière est-ce que je connais ? Y en a-t-il une que je préfère ? Laquelle ?

➲ Quel que soit mon support pour la prière (la Bible, un livre spirituel, etc.), est-ce que je parviens toujours à lui parler avec mon cœur ?

5. Pourquoi prier si Dieu sait tout ?

C'est le propre de Dieu de tout savoir, car justement... il est Dieu ! Il nous connaît mieux que nous ne nous connaissons nous-mêmes. Il connaît tout ce qui nous habite : nos peurs, nos joies, nos souffrances, nos pensées, nos désirs. Alors pourquoi faut-il prier ? Pourquoi faut-il tout lui redire ?

La réponse à cette question se situe au niveau de notre amitié avec Dieu, de notre relation à lui. Dieu n'est pas un génie qui aurait pour mission d'exaucer tous nos vœux ! Non, Dieu n'est ni une fée ni un magicien. Il veut avoir une vraie place dans notre vie. Il est notre Père.

Parfois, nous oublions que Dieu a de grandes vues sur nous et nous avons du mal à imaginer qu'il pense vraiment à nous. Pourquoi ? Parce que nous-mêmes, nous ne pensons pas aux autres, parce que nous sommes trop rationalistes, parce que nous manquons de foi et parce que nous voulons diriger notre vie seuls et sans lui. Dieu nous aime d'une manière unique et il souhaite nous accompagner tout au long du chemin. Seule la foi nous permet de l'écouter et d'accepter de recevoir ses conseils. La prière est alors le meilleur moyen de l'entendre et de construire notre vie en sa présence : il attend de nous que nous nous confions à lui comme un ami à un ami.

Si nous voulons permettre à Dieu de nous accompagner dans chaque événement qui fait notre existence, nous « devons » lui dire et lui raconter ce qui fait nos journées, car c'est précisément là, au cœur de nos journées, qu'il nous rejoint.

> « Le Bon Dieu ne se fatigue pas de m'entendre lorsque je lui dis tout simplement mes peines et mes joies, comme s'il ne les connaissait pas. »
>
> Sainte Thérèse de Lisieux (1873-1897), religieuse carmélite, docteur de l'Église

Les mots que nous utilisons dans la prière traduisent notre attachement à Dieu et qui il est vraiment pour nous. C'est par ce biais que Dieu se donne à nous et que nous nous donnons à lui. C'est le meilleur moyen pour *« avoir une part*[37] » avec lui, c'est-à-dire pour être associés à sa vie.

➲ Ma prière traduit-elle mon amitié avec Dieu ?

➲ Est-ce que je lui dis simplement mes peines et mes joies ?

6. Comment Dieu nous répond-il ?

Dieu répond-il ? Comment parle-t-il ? Comment l'entendre ? Ce sont là les questions les plus fréquentes auxquelles Dieu est le seul à pouvoir répondre. En effet, s'il parle, c'est bien… lui qui parle ! Il sait quand il parle, à qui il parle et comment il le fait.

37. Cf. Évangile selon saint Jean 13, 8.

Son langage n'est pas le nôtre. Il faut être à l'écoute des événements de la journée, parfois de plusieurs années ou de toute une vie pour le découvrir, car si Dieu est Dieu, il ne laisse aucune de nos prières sans réponse. Pourtant, notre Dieu est un Dieu discret et il parle souvent en messages codés. C'est justement la marque de sa puissance que de ne jamais s'imposer à personne. Celui qui veut le voir et l'entendre doit se mettre à sa recherche.

Ses réponses peuvent arriver de la manière la plus surprenante ou inattendue, dans le bruit ou dans le silence, à travers un événement heureux ou douloureux, par la bouche d'une personne, par un texte de l'Écriture, par une intuition ou une pensée personnelle… Ne l'oublions pas : Dieu ne s'imposera jamais à nous. C'est grâce à la foi et avec le concours de notre intelligence que nous le découvrons à travers les circonstances ou un conseil reçu. Sans la foi et l'intelligence, nous ne parviendrons pas à entrevoir Dieu.

Et puis, il y a la patience qui nous est demandée. Dieu parle *quand* il veut. Souvent, nous nous décourageons et pensons que Dieu ne nous répond pas, parce que notre temps d'attente est trop court ou parce que nous ne l'attendons pas au bon endroit. Dieu ne parle pas au rythme instantané de la technologie de communication moderne, du tac-au-tac. Il parle au rythme de ce qui est bon et de ce qu'il y a de meilleur pour nous et pour les autres. Ce qu'il y a de meilleur prend toujours plus de temps.

Nous ne sommes pas en mesure de savoir « mieux que Dieu » ce qu'il faudrait qu'il fasse. Soyons dans la confiance. Dieu est Dieu. Il nous fera comprendre ce qu'il veut nous faire comprendre à condition que nous lui ouvrions les oreilles de notre cœur avec humilité.

➲ Est-ce que je pose des questions à Dieu ?

➲ Suis-je patient et attentif pour attendre et découvrir les réponses qu'il veut me donner ?

Prière :
« Attentif aux appels de Dieu »
Auteur inconnu

« Attention chien méchant.
Attention travaux.
Attention chute de pierres.
Attention route glissante.
Partout, des appels à l'attention.

Mais où sont les appels à l'attention
que nous devons aux autres :
les appels à la délicatesse,
les appels au respect,
les appels au partage ?

Je suis distrait, Seigneur.
Comment pourrais-je les entendre, ces appels,
quand je suis préoccupé par ma santé,
enfermé dans mes rêves,
épuisé par mon travail,
fasciné par la télévision…
Pardon, Seigneur.

Et tes appels, Seigneur, les tiens,
les petits signes que Tu m'adresses
à travers les gens proches ou lointains,
les grands signes que Tu m'adresses,
à travers l'exemple des saints,
à travers les messages de ton Évangile,
à travers les invitations à la prière,
tous ces appels ne rencontrent souvent
que mon indifférence…
Pardon, Seigneur.

Apprends-moi, je t'en prie,
à être attentif
à toutes les attentes,
à toutes les souffrances,
à toutes les espérances.

Apprends-moi aussi
à déceler tout ce qui est bien
derrière ce qui est mal,
tout ce qui se cherche
derrière tout ce qui semble acquis,
tout ce qui est neuf
derrière tout ce qui est vieux,
tout ce qui bourgeonne
derrière tout ce qui se fane,
tout ce qui vit
derrière tout ce qui meurt.

Montre-moi, Seigneur,
l'enfant sous le vieillard,
la plage sous les pavés,

le soleil sous les nuages,
et toutes les soifs cachées :
la soif de pureté,
la soif de vérité,
la soif d'amour,
la soif de Toi, Seigneur.

Affine mon regard,
réveille ma capacité d'amour,
ouvre grand mon cœur,
aiguise mon attention,
développe mes attentions,
tourne-moi vers les autres,
tourne-moi vers Toi, Seigneur.
Amen. »

7. Pourquoi Dieu n'exauce-t-il pas toujours nos prières ?

Souvent, nous manquons de patience lorsque nous élevons une demande vers Dieu. Et plus souvent encore, nous manquons d'insistance et de persévérance. Il faudrait pouvoir être sûrs de l'avoir supplié avec foi et sans découragement.

> « Un saint, c'est quelqu'un qui n'a plus d'autre solution de rechange que la supplication. Nous, nous avons toujours quelque petite solution de rechange, de notre côté, pour le cas où la supplication ne marcherait pas ! C'est pour cela que notre prière n'a pas la force et la puissance qui

renversent les montagnes, force et puissance qu'on rencontre parfois chez des petits et des humbles, des gens qui vont à la rue du Bac, par exemple. Les pauvres gens n'ont plus rien, c'est leur seule carte à jouer, alors ils misent tout sur la prière et ils obtiennent tout. Si notre supplication n'a pas cette force désespérée qui renverse les montagnes, et les précipite dans la mer, c'est que nous gardons une solution de rechange, nous ne nous livrons pas tout entiers à cette prière. »

Jean Lafrance[38] (1931-1991), prêtre

Il y a aussi le fait que nous ne savons pas forcément demander ce qu'il y a de meilleur pour nous. Nous pouvons être entêtés à supplier Dieu pour quelque chose, alors que ce n'est pas cela qu'il nous faut. Souvent, nos vues sont trop courtes. Dieu, lui, sait bien de quoi nous avons besoin. Il connaît bien toutes les implications des demandes que nous lui adressons.

Prenons l'exemple de saint Augustin. Dans le livre de ses *Confessions*, il explique que lorsqu'il était encore à Carthage, chez ses parents, il avait pris la décision de se rendre à Rome. À cette époque, il était loin d'être un saint, puisqu'il ignorait tout du vrai Dieu et qu'il vivait une vie tout à fait contraire à l'Évangile. Monique, sa mère, n'avait en elle qu'un désir : celui de la conversion de son fils. C'est cette supplication qu'elle adressait quotidiennement à Dieu. Voir partir Augustin à Rome signifiait qu'elle perdait l'espoir de pouvoir le garder auprès d'elle et d'obtenir sa conversion. Elle s'opposa à son départ, mais ne put l'en empêcher. C'est pourtant

38. Jean Lafrance, *Jour et nuit*, Médiaspaul éditions Pauline, 1992.

en Italie qu'Augustin allait rencontrer Ambroise, le saint évêque de Milan, qui deviendrait plus tard le point de départ de sa conversion à Jésus.

Dieu exauça la prière de Monique, mais pas comme elle l'avait imaginé. Elle s'acharnait à supplier Dieu pour que son fils ne s'embarque pas pour l'Europe ; pourtant, c'est cela qu'il fallait pour qu'il se convertisse. Dieu ne sait-il pas, mieux que nous, ce que nous lui demandons ? Dieu ne connaît-il pas mieux que nous le chemin pour nous exaucer ?

> « Voici donc l'espérance incontestable que nous avons : de deux choses l'une – ou bien il nous donne ce que nous lui demandons, ou bien il a en vue pour nous quelque chose de plus utile. »
>
> Saint Bernard de Clairvaux[39] (1090-1153), moine

Bien sûr, cela ne doit pas nous décourager pour demander des choses à Dieu et même des choses précises.

> *« Demandez, vous obtiendrez ; cherchez, vous trouverez ; frappez, la porte vous sera ouverte. Celui qui demande reçoit ; celui qui cherche trouve ; et pour celui qui frappe, la porte s'ouvre. Quel père parmi vous donnerait un serpent à son fils qui lui demande un poisson, ou un scorpion quand il demande un œuf ? Si donc vous, qui êtes mauvais, vous savez donner de bonnes choses à vos enfants, combien plus le Père céleste donnera-t-il l'Esprit Saint à ceux qui le lui demandent ! »*
>
> Évangile selon saint Luc 11, 9-13

---

39. Saint Bernard de Clairvaux, *Pour le Carême*, sermon 5, n. 5, PL 183, 180.

Dieu écoute toutes nos demandes, quelles qu'elles soient : matérielles ou spirituelles. Il aime à nous exaucer. On peut même oser dire que Dieu exauce *toutes* les prières, si elles s'inscrivent dans son dessein d'amour sur nous et sur les autres.

Quelles que soient les supplications que nous adressons à Dieu, nous devons lui laisser le choix de les accomplir *comme* il le souhaite et *quand* il le souhaite. Il sait mieux que nous ce qui est bon pour nous. Il ne nous reste qu'à lui faire confiance. La confiance est le chemin à emprunter dans la prière. Dieu est un père et même un très bon père. Voilà la prière qu'il nous a léguée :

> *« Notre Père, qui es aux cieux,*
> *Que ton nom soit sanctifié.*
> *Que ton règne vienne ;*
> *Que ta volonté soit faite sur la terre comme au ciel.*
> *Donne-nous aujourd'hui notre pain de ce jour.*
> *Pardonne-nous nos offenses, comme nous pardonnons aussi à ceux qui nous ont offensés.*
> *Et ne nous soumets pas à la tentation, mais délivre-nous du Mal. »*
>
> Évangile de saint Matthieu 6, 9-13

Dans cette prière, Jésus nous apprend à dire : *« Père, que ta volonté soit faite. »* Après avoir fait tout ce qui était en notre pouvoir, sûrs que Dieu entend ce que nous lui demandons, sachant qu'il connaît ce qu'il y a de mieux à faire, qu'il agira selon son bon vouloir et qu'il nous donnera la force nécessaire pour le porter, nous pouvons tout laisser reposer en ses mains. La vraie paix de l'âme, n'est-elle pas dans la confiance en Dieu ?

- Est-ce que je fais confiance à Dieu, même lorsque je ne comprends pas quelque chose ou lorsqu'il me semble que je ne suis pas exaucé ?
- Est-ce que je continue à prier même lorsque je ne reçois pas de réponse immédiate ?
- Est-ce que je récite chaque jour la prière du « Notre Père » et spécialement dans les moments incertains ?

Prière :
« C'est toi que je veux »
Saint Bruno (1030-1101)

« Toi qui es mon Seigneur, Toi dont je préfère la Volonté à la mienne… Prends en gré ma supplication, comme une immense clameur. Pour que mes paroles soient de plus en plus dignes d'être exaucées de Toi, donne intensité et persévérance à ma prière. Ô Dieu, Toi qui es puissant, Toi dont je me suis fait le serviteur, c'est avec persévérance que je Te prie et que je Te prierai encore, pour mériter de T'obtenir. Ce n'est pas pour obtenir un bien de la terre ; je ne demande que ce que je dois demander : Toi seul ! Puisque Tu es Dieu et que ta fonction propre est de prendre pitié, aie pitié de moi ! Et pas petitement, mais à la mesure de Ta miséricorde. Puisque Ta miséricorde est immense et que mon péché est grand, aie pitié de moi grandement, aussi grandement que l'est Ta miséricorde, alors je pourrai chanter tes louanges en contemplant ton nom qui est "Seigneur". Je Te bénirai d'une bénédiction qui durera aussi longtemps que les siècles, je Te louerai par la louange en ce monde et en l'autre. »

8. Que faire lorsqu'on est distrait dans la prière ?

Tout d'abord, ne nous étonnons pas que la prière soit un exercice parfois difficile. C'est souvent lorsque nous avons le désir de prier que se présentent à nous mille autres tâches à accomplir ! Ou alors, c'est lorsque nous prenons la décision de faire silence pendant un instant que, tout à coup, le téléphone sonne ! Et lorsque nous avons répondu, nous oublions que nous avions une prière à faire…

> « La distraction est la difficulté habituelle de notre prière. Elle nous détache de l'attention à Dieu et elle peut aussi révéler ce à quoi nous sommes attachés. »
>
> *Abrégé du Catéchisme de l'Église catholique,* § 574

Que devons-nous faire ? Tout d'abord, soyons réalistes ; acceptons de ne pas être de purs esprits et donc d'être toujours à la merci des distractions, même les plus futiles.

Lorsque nous prenons conscience de notre distraction, revenons humblement vers le Seigneur, en nous excusant de nous être ainsi éloignés. Sans y accorder plus d'importance, reprenons notre prière là où nous l'avions laissée, faisons un acte de foi et restons en sa présence, comme l'homme rencontré par le Curé d'Ars :

> « Dans les premiers temps où je me trouvais à Ars, il y avait un homme qui ne passait jamais devant l'église sans y entrer. Le matin quand il allait au travail, le soir quand il en revenait, il laissait à la porte sa pelle et sa pioche, et il restait longtemps en adoration devant le Saint Sacrement.

> J'aimais bien ça. Je lui ai demandé une fois ce qu'il disait à Notre Seigneur pendant ces longues visites qu'il faisait. Savez-vous ce qu'il m'a répondu ? "Monsieur le Curé, **je ne lui dis rien, je l'avise et il m'avise, je le regarde et il me regarde** !"[40] »
>
> Saint Jean-Marie Vianney (1786-1859), curé d'Ars

Tenons bon dans la prière. Ne soyons jamais scandalisés devant notre faiblesse, mais efforçons-nous de *« rendre à Dieu ce qui est à Dieu*[41] » en lui donnant notre temps et toute l'attention de notre cœur, ne fût-ce chaque jour que pour un instant.

> « Il faut ne travailler que d'une main et de l'autre, défendre notre âme de la dissipation qui l'empêche de s'unir au Bon Dieu. »
>
> Sainte Thérèse de Lisieux (1873-1897), religieuse carmélite, docteur de l'Église

Un moyen très concret pour vaincre la distraction consiste à choisir une phrase spirituelle et la répéter lentement. De même, le choix d'un psaume lu et relu tranquillement peut nous aider à centrer notre attention et notre cœur sur Jésus.

➲ Y a-t-il une distraction qui revient souvent dans ma prière ? Laquelle ?

➲ Puis-je « prier » sur cette distraction, en parler à Dieu, lui demander de l'aide ?

---

40. Abbé A. MONNIN, *Esprit du Curé d'Ars dans ses Catéchismes, ses Homélies et sa Conversation.*

41. Cf. Évangile selon saint Matthieu 22, 21.

➲ Y a-t-il une phrase ou un psaume qui m'aide à centrer mon intelligence et mon cœur sur Dieu ?

9. Que faire lorsqu'on a perdu le goût de la prière ?

Il arrive que nous pensions avoir fait une « bonne » prière lorsque nous sentons monter en nous un sentiment de satisfaction ou lorsque nous sommes envahis par une ferveur sensible.

Inversement, nous abandonnons la prière et croyons que nous ne prions plus lorsque nous cessons de goûter un certain plaisir dans la prière. C'est alors que nous disons que nous avons perdu l'envie de prier.

Pour se détromper, il faut tâcher de ne pas oublier que « la prière n'est pas une douce sensation, ni le charme d'une imagination enflammée[42] ».

La prière, comme nous le disions plus haut, dit notre relation à Dieu. Cette relation est essentiellement une amitié. Or, une amitié, si elle est intéressée, n'est plus une amitié. L'amitié, si elle est vraie, est gratuite.

Dieu permet cet état de « sécheresse » dans notre relation à lui, non pas pour nous punir ou pour nous mettre à l'épreuve, mais pour nous aider à nous attacher à lui seul, et non aux dons qu'il nous fait. Nous confondons trop facilement Dieu et les dons qu'il nous accorde. Si nous avons la chance d'éprouver un profond plaisir dans la prière, rendons grâce et persévérons dans la prière.

---

42. FÉNELON, *Instructions et avis sur divers points de la morale et de la perfection chrétienne*, XXVI.

Si nous ne ressentons ni l'envie de prier ni aucune satisfaction, accrochons-nous à Dieu avec une foi plus pure (croire sans voir), faisons confiance et persévérons dans la prière. Bientôt, Dieu se montrera à nouveau ; derrière les nuages, le soleil brille de mille feux. Mais si nous abandonnons la prière, nous réduisons encore les chances de retrouver Dieu.

> « Quelquefois, lorsque mon esprit est dans une si grande sécheresse qu'il m'est impossible d'en tirer une pensée pour m'unir au Bon Dieu, je récite très lentement un "Notre Père". Alors ces prières me ravissent. Elles nourrissent mon âme bien plus que si je les avais récitées précipitamment une centaine de fois. »
>
> Sainte Thérèse de Lisieux (1873-1897), religieuse carmélite, docteur de l'Église

- Suis-je déjà passé par des moments de sécheresse intérieure ? Cela est-il lié à un manque d'effort de ma part, ou à une passe difficile de ma vie, ou encore à une attitude trop autosuffisante de ma part vis-à-vis de Dieu ?
- Lorsque cela arrive, est-ce que je me laisse décourager et j'arrête de prier ?
- Est-ce que je garde la confiance et je persévère dans la prière, même si je ne sens rien ?

10. Peut-on agir et prier en même temps ?

Rien ne nous interdit ni ne nous empêche de prier en tout lieu et à tout moment. Quelquefois, nous pensons que pour bien prier, il faut aller dans une église, allumer un cierge, se mettre à genoux, etc. Et cependant, tout en marchant pour aller faire nos courses ou en attendant le bus, la ferveur peut monter en nous et nous pouvons être en attitude de prière. Ce qu'il faut, c'est la conscience d'être en présence de Dieu, et cela peut se produire n'importe où et dans n'importe quelle circonstance.

> « Il est possible, même au marché ou dans une promenade solitaire, de faire une fréquente et fervente prière. Assis dans votre boutique, soit en train d'acheter ou de vendre, ou même de faire la cuisine. »
>
> Saint Jean Chrysostome (344-407), évêque

Bien entendu, vous ajouterez à cela que ce n'est quand même pas la prière qui va faire le travail à notre place ! La sagesse chrétienne a toujours résumé l'action de l'homme et celle de Dieu avec l'idée suivante : faisons toute chose comme si elle ne dépendait que de nous, tout en sachant qu'elle ne dépend que de Dieu. En d'autres termes, nous devons travailler à trouver des solutions (il ne suffit pas de prier), mais nous ne devons pas perdre de vue que Dieu peut tout et qu'il nous accompagne et nous soutient en tout. Rien ne lui échappe ; il n'est ni indifférent ni éloigné de nos soucis matériels. N'oublions pas qu'il est le créateur de l'esprit et de la matière. « *Le Verbe s'est fait chair*[43] » : c'est dans notre chair et sur nos chemins de vie que Dieu est venu marcher. Il sait bien ce que nous vivons et comprend mieux que personne nos préoccupations.

---

43. Évangile selon saint Jean 1, 14.

> « On ne peut pas satisfaire Dieu avec quelques mots le matin ou le soir. Notre vie doit se changer en prière et nos prières doivent devenir vie. Toute histoire de vie chrétienne est aussi une histoire de prière, une unique et longue tentative de nous unir plus intimement à Dieu. Sainte Thérèse d'Avila aimait à dire : "Pense que Dieu est là au milieu de tes poêles et de tes casseroles, et qu'il est à tes côtés dans toutes les tâches que tu accomplis." »
>
> *Youcat*, catéchisme de l'Église catholique pour les jeunes, § 510

Pour devenir plus familier avec Dieu et pour le rendre familier à nos diverses occupations, il est bon de s'exercer « à la présence de Dieu ». Cet exercice n'est pas un effort mental, mais plutôt un exercice d'amour. Il s'agit de tout faire et de tout entreprendre – surtout les choses les plus petites, les plus routinières et les plus insignifiantes – par amour pour Dieu. Car Dieu ne regarde pas la grandeur de nos œuvres, mais l'amour qu'on y met.

➲ Est-ce que je me souviens de demander à Dieu de m'accompagner dans chacune de mes occupations ?

➲ Au milieu de mes activités, est-ce que je lui adresse spontanément quelques mots ?

Prière :

« Quand je n'ai pas le temps de prier »

Auteur inconnu

« Il m'arrive souvent, Seigneur,
de penser que je suis trop occupé pour prier.
Mes journées sont tellement remplies !
Pourtant, Seigneur, tu ne dois pas exiger
que je sois si occupé que cela !...
Est-ce possible que le temps me manque pour penser à toi ?
Seigneur, n'es-tu pas mon soutien, ma force et mon courage ?
Je veux m'habituer, Seigneur, à te parler comme à un ami,
à te confier mes joies et mes peines.
Voilà pourquoi, du fond de mon cœur, je veux te dire :
Seigneur, je t'aime.
Quand je serai fatigué, aide-moi à dire quand même :
Seigneur, je t'aime.
Quand j'éprouverai de la difficulté à pardonner,
je n'aurai qu'à penser de te répéter : Seigneur, je t'aime.
Quand il fera sombre en moi, quand je ne saurai pas où tu es,
alors je t'appellerai en te disant : Seigneur, je t'aime.
Pour les joies que tu me donnes,
pour les grâces dont tu me combles,
mon merci, le voici : Seigneur, je t'aime. »

V

Comment peut-on savoir que Dieu est amour ?

« Comme le Père m'a aimé, moi aussi je vous ai aimés. Demeurez dans mon amour. »

Évangile selon saint Jean 15, 9

1. Si Dieu nous aime vraiment, qu'a-t-il fait pour nous ?

Dans son œuvre intitulée *L'Annonce faite à Marie*[44], Paul Claudel nous présente l'histoire de Violaine. C'est une femme qui aime, une femme heureuse. « Ah, que ce monde est beau et que je suis heureuse [45] ! », s'exclame-t-elle, « Loué soit Dieu qui m'a donné ma place tout de suite et je n'ai plus à la chercher. Et je ne lui en demande point d'autre[46]. » « Heureuse qui peut se donner tout entière[47]. » Ces paroles renferment une profondeur extraordinaire : la beauté de la vérité et la beauté du don. Violaine est une femme tout simplement heureuse. Parce qu'elle est heureuse, sa vie est empreinte de vérité.

Violaine connaissait Pierre de Craon, le plus fameux des constructeurs de cathédrales. Derrière son succès et sa renommée, Pierre cachait cependant une triste réalité, celle de sa maladie. Il était, en effet, atteint de la lèpre. Violaine, quant à elle, ne pouvait qu'éprouver de la compassion pour cet homme, si important par son statut et par ses œuvres et, par ailleurs, si seul pour porter le grand secret de sa maladie. Il était encore en mesure de cacher sa maladie, mais seulement jusqu'à ce que les gens l'apprennent, ensuite plus personne n'oserait l'approcher. Pierre aimait Violaine et aurait tout donné pour son amour, mais Violaine était fiancée à un autre. Un jour, Violaine s'approcha de Pierre

44. Paul CLAUDEL, *L'annonce faite à Marie*, éd. Gallimard, 1940.

45. *Op.cit.* Prologue, Violaine, p. 28.

46. *Op.cit.* Prologue, Violaine, p. 26.

47. *Op.cit.*, Acte III, Scène II, Violaine, p. 165.

et, poussée par la compassion, elle l'embrassa. Ce baiser marquait le début d'une vie nouvelle et d'une espérance nouvelle pour Pierre. Mais peu de temps après, Violaine découvrit qu'elle était elle-même atteinte par la lèpre. Simultanément, ce même jour, Pierre découvrit qu'il était guéri. Le baiser de Violaine l'avait lavé et guéri. Elle meurt pour lui et lui, il vit pour elle. Quel admirable échange ! Pierre assume la pureté de Violaine, et Violaine sa lèpre ! « De quel prix la vie, sinon pour s'en servir et pour la donner[48] ? » L'œuvre de Claudel se termine avec la mort de Violaine. Elle a beaucoup donné, elle s'est donnée tout entière. Pierre a vécu pour elle et elle, Violaine, est morte pour lui.

> « Ce drame est clairement une allégorie de la passion et de la mort de Jésus-Christ. Claudel a voulu nous montrer ce qu'est la vie du Christ. Jésus-Christ est la sainteté, la pureté, l'éternité, la beauté. Et nous, certains plus que d'autres, nous sommes tous lépreux. Que fait le Christ ? Il s'approche de nous. Il n'a pas besoin de nous, mais, par pur amour, il s'approche de nous, il nous embrasse, il nous aime. Ce baiser du Christ prend nos péchés. Il meurt à cause de nos péchés, ceux d'hier, ceux d'aujourd'hui et ceux de demain. Il meurt sur la croix et nous vivons, nous resurgissons des ténèbres pour, un jour, vivre éternellement au ciel, mais avec une sainteté qui n'est pas la nôtre, mais celle du Christ. Notre péché, notre maladie, notre mort sont crucifiés avec lui, sur la Croix. »
>
> Pablo Dominguez (1966-2009), prêtre[49]

48. *Op.cit.* Acte IV, Scène 2, p. 205.
49. Pablo Dominguez Prieto, éd. San Pablo, Madrid, 2009, p. 61 / *Le dernier sommet*, EDB, 2012.

Au chapitre 5, versets 12 à 15, de l'évangile de saint Luc, nous est racontée la guérison d'un lépreux. Dans la Bible, la lèpre est une maladie liée au péché, si bien que les lépreux sont impurs et qu'ils doivent éviter tout contact avec la société. Jésus était un juif observant la loi et il savait cela. Pourtant, il va s'approcher du lépreux et il va même le toucher, tout comme Violaine ! Puis il étend la main et le guérit instantanément de sa maladie. Étendre la main symbolise bien le geste de la création. Jésus recrée cet homme, il le rétablit dans une vie nouvelle. On peut même affirmer que Jésus s'est librement chargé de cette lèpre, tout comme il s'est chargé du péché pour en libérer l'humanité. Quel admirable échange !

Seul Jésus se trouvait dans la situation de Médiateur véritable entre Dieu et l'humanité. Lui seul est à la fois lié à Dieu, étant son propre Fils, et lié aux hommes parce qu'il est l'un d'eux, assumant leur condition, leurs épreuves, leurs souffrances. **Il offre ainsi le sacrifice parfait, celui de sa propre mort, qui suffit une fois pour toutes à nous racheter de notre péché qui nous tenait éloignés de Dieu**.

Jésus apporte une vraie réponse au mystère du bien et du mal qui divise le cœur de l'homme.

> *« Dieu a tant aimé le monde qu'il a donné son Fils unique : ainsi tout homme qui croit en lui ne périra pas, mais il obtiendra la vie éternelle. »*
>
> Évangile de saint Jean 3, 16

➲ Ai-je compris que la vie et la mort de Jésus sont des faits historiques ?

➲ Par la foi, suis-je capable de saisir le sens spirituel de la vie que Jésus donne sur la croix par amour pour moi ?

Prière :
« Tu as donné ta vie »
Saint Ambroise (340-397)

« Jésus-Christ, mon Seigneur, Roi éternel,
vrai Dieu et vrai homme, regarde-moi avec amour,
puisque tu as voulu devenir homme
pour mourir pour nous.
Écoute-moi, car j'espère en toi.
Aie pitié de mes péchés et de ma misère,
toi qui es source inépuisable d'amour.
Je t'adore, Seigneur, parce que tu as donné ta vie sur la croix
et tu t'y es offert comme Rédempteur
pour moi et toute l'humanité.
J'adore, Seigneur, le précieux sang qui coula de tes plaies
pour laver les péchés du monde.
Regarde, Seigneur, ce pauvre pécheur,
créé et sauvé par toi. »

2. La mort de Jésus sur la croix était-elle nécessaire ?

Jésus n'aurait-il pas pu nous montrer son amour d'une autre manière ? D'une manière moins cruelle, par exemple… La croix n'est ni une image ni une parabole. Elle incarne un fait historique, un fait réel, aussi réel que nous le sommes. Jésus est mort crucifié, ce supplice dont les Romains étaient malheureusement experts. Jésus a senti la douleur de cette torture jusqu'au plus profond de sa chair. Ce qui le tenait cloué à ce bois, c'était nos péchés, les péchés de l'humanité entière, bien réels eux aussi. Son amour pour chacun d'entre nous va jusque-là : réparer nos propres péchés par le don de sa vie. Il donne sa vie en sacrifice pour nous donner une nouvelle vie, une vraie vie, une vie plus réelle que la vie terrestre : la vie d'union avec le Père, que nos péchés rendent impossible.

Son amour pour nous va, selon l'expression de saint Jean, « *jusqu'à l'extrême*[50] ». C'est cela la première caractéristique de l'amour du Christ : c'est un amour qui va jusqu'au bout. Un amour qui va jusqu'au bout, c'est un amour qui ne connaît pas de limite, c'est tout donner. Pourquoi se donne-t-il tout entier ? Pourquoi une telle preuve d'amour ? Le fait de penser que quelqu'un donnerait gratuitement sa vie pour nous peut nous scandaliser… sans doute parce que nous-même serions incapables d'en faire autant. L'amour du Christ pour chacun d'entre nous ne calcule pas ce qu'il obtiendra en

50. Évangile selon saint Jean 13, 1.

récompense. Il ne s'inquiète pas de savoir si son amour sera bien compris. Il ne songe même pas à ce que nous correspondions à son amour. Il incarne l'amour de gratuité. Il ne nous aime pas parce que nous l'aimons. Il nous aime… parce qu'il nous aime !

Si Jésus ne cherchait que son propre épanouissement, il n'aurait jamais pu monter sur la croix. Si Jésus attendait que nous lui rendions la pareille, il n'aurait pas pris un tel risque. Uniquement parce qu'il nous aime d'un amour de charité, l'*agapè*, il fait le don de lui-même sans rien attendre en retour. Il nous a aimés en premier ! L'icône de la gratuité est le Christ sur la croix, ce Christ qui se donne, ce Christ qui est Dieu. Quelles raisons avait-il de mourir ? Aucune et toutes. Aucune, car le Christ n'a aucun besoin de mourir sur la croix et toutes, car son amour extrême n'a point de limite et l'a conduit jusqu'au don de sa propre vie.

> *« Voici à quoi se reconnaît l'amour : ce n'est pas nous qui avons aimé Dieu, c'est lui qui nous a aimés, et il a envoyé son Fils qui est la victime offerte pour nos péchés. Mes bien-aimés, puisque Dieu nous a tant aimés, nous devons aussi nous aimer les uns les autres. »*
>
> Première lettre de saint Jean 4, 10-11

Dieu est venu parmi nous, par Jésus, pour se faire connaître en vérité de tout homme et de toute femme. Le disciple Philippe s'inquiétait déjà de connaître qui était réellement ce Jésus. Jésus dit un jour : *« Voilà si longtemps que je suis avec vous, et tu ne me connais pas,*

Philippe ? Qui m'a vu a vu le Père[51]. » Jésus nous dévoile donc le visage du Père, le visage de l'Amour.

> « L'homme ne peut vivre sans amour. Il demeure pour lui-même un être incompréhensible, sa vie est privée de sens s'il ne reçoit pas la révélation de l'amour, s'il ne rencontre pas l'amour, s'il n'en fait pas l'expérience et s'il ne le fait pas sien, s'il n'y participe pas fortement. C'est pourquoi, comme on l'a déjà dit, le Christ Rédempteur révèle pleinement l'homme à lui-même. »
>
> Pape Jean-Paul II (1920-2005)[52]

➲ Lorsque je regarde un crucifix, sais-je dire merci à mon Sauveur ?

➲ Quelle place l'amour a-t-il dans ma vie quotidienne ? Dois-je encore me persuader que le sens de la vie ne peut s'expliquer que par l'amour ?

Prière :
« Me tourner vers autrui »
Bienheureuse Mère Teresa (1910-1997)

« Seigneur, quand je suis affamé,
donne-moi quelqu'un qui ait besoin de nourriture.
Quand j'ai soif,
envoie-moi quelqu'un qui ait besoin d'eau

Quand j'ai froid,
envoie-moi quelqu'un à réchauffer.
Quand je suis blessé,
donne-moi quelqu'un à consoler.

---

51. Évangile selon saint Jean 14, 9.
52. Jean-Paul II, Encyclique *Redemptor Hominis*, n° 10.

Quand ma croix devient lourde,
donne-moi la croix d'un autre à partager.
Quand je suis pauvre,
conduis-moi à quelqu'un dans le besoin.

Quand je n'ai pas de temps,
donne-moi quelqu'un que je puisse aider un instant.
Quand je suis humilié,
donne-moi quelqu'un dont j'aurai à faire l'éloge.

Quand je suis découragé,
envoie-moi quelqu'un à encourager.
Quand j'ai besoin de la compréhension des autres,
donne-moi quelqu'un qui ait besoin de la mienne.

Quand j'ai besoin qu'on prenne soin de moi,
envoie-moi quelqu'un dont j'aurai à prendre soin.
Quand je ne pense qu'à moi,
tourne mes pensées vers autrui. »

3. Si Dieu est amour, pourquoi abandonne-t-il son Fils à une mort si cruelle ?

N'oublions pas que Jésus et son Père ne font qu'un et qu'il n'y a rien que l'un ne fasse sans l'autre.

> *« Tu ne crois donc pas que je suis dans le Père et que le Père est en moi ! Les paroles que je vous dis, je ne les dis pas de moi-même ; mais c'est le Père qui demeure en moi, et qui accomplit ses propres œuvres. Croyez ce que je vous dis : je suis dans le Père, et le Père est en moi ; si vous ne croyez pas ma parole, croyez au moins à cause des œuvres. »*
>
> Évangile selon saint Jean 14, 10-11

Souvent, il arrive qu'on reprenne les paroles de Jésus agonisant sur la croix, telles qu'elles sont citées dans les évangiles de Matthieu et Marc : *« Éli, Éli, lama sabactani ? »*, ce qui veut dire : *« Mon Dieu, mon Dieu, pourquoi m'as-tu abandonné*[53] *? »* pour accuser Dieu le Père de la plus haute cruauté. Pourtant, Jésus et le Père ne font qu'un : le Père et le Fils sont unis durant la Passion ; comme le Fils aime, le Père aime. Les derniers cris de Jésus sur la croix sont également les versets les plus poignants du Psaume 21 :

> *« Mon Dieu, mon Dieu, pourquoi m'as-tu abandonné ? Le salut est loin de moi, loin des mots que je rugis. Mon Dieu, j'appelle tout le jour, et tu ne réponds pas ; même la nuit, je n'ai pas de repos. Toi, pourtant, tu es saint, toi qui habites les hymnes d'Israël ! C'est en toi que nos pères espéraient, ils espéraient et tu les délivrais. Quand*

53. Évangile selon saint Matthieu 27, 46.

ils criaient vers toi, ils échappaient ; en toi ils espéraient et n'étaient pas déçus. Et moi, je suis un ver, pas un homme, raillé par les gens, rejeté par le peuple. »

Psaume 21, 2-7

Les psaumes étaient et sont encore aujourd'hui les prières juives et chrétiennes élevées à Dieu tout au long de la journée. Le Psaume 21 est la prière d'un homme qui souffre dans l'épreuve. Il ne s'agit pas d'une prière désespérée, mais d'une hymne à la confiance et à la fidélité de Dieu. Pour le savoir, il suffit de le lire jusqu'au bout :

« Il n'a pas rejeté, il n'a pas réprouvé le malheureux dans sa misère ; il ne s'est pas voilé la face devant lui, mais il entend sa plainte. Tu seras ma louange dans la grande assemblée ; devant ceux qui te craignent, je tiendrai mes promesses. Les pauvres mangeront : ils seront rassasiés ; ils loueront le Seigneur, ceux qui le cherchent : « À vous, toujours, la vie et la joie ! » La terre entière se souviendra et reviendra vers le Seigneur, chaque famille de nations se prosternera devant lui : « Oui, au Seigneur la royauté, le pouvoir sur les nations ! » Tous ceux qui festoyaient s'inclinent ; promis à la mort, ils plient en sa présence. Et moi, je vis pour lui : ma descendance le servira ; on annoncera le Seigneur aux générations à venir. On proclamera sa justice au peuple qui va naître : voilà son œuvre ! »

Psaume 21, 25-32

➲ Ai-je parfois le sentiment que Dieu m'a abandonné ? Pourquoi ?

➲ Dans ces moments difficiles, pourquoi ne pas prier avec les psaumes pour y trouver la lumière ?

Prière :
« Tu es mon Père »
Bienheureux Charles de Foucauld

« Mon Père, je m'abandonne à toi.
Fais de moi ce qu'il te plaira.
Quoi que tu fasses de moi, je te remercie.
Je suis prêt à tout.
J'accepte tout.
Pourvu que ta volonté se fasse en moi,
en toutes tes créatures,
je ne désire rien d'autre, mon Dieu.
Je remets mon âme entre tes mains,
je te la donne, mon Dieu,
avec tout l'amour de mon cœur,
parce que je t'aime,
et que ce m'est un besoin d'amour de me donner,
de me remettre entre tes mains sans mesure,
avec une infinie confiance, car tu es mon Père. »

4. Dieu est-il aussi « notre » Père ?

Nous invoquons Dieu comme notre Père, car Jésus nous a appris à le faire ainsi. Il disait : « *Vous donc, priez ainsi : Notre Père, qui es aux cieux*[54]*...* » ou encore : « *Je monte vers mon Père et votre Père*[55]. »

Jésus, lui, peut l'appeler Père, car depuis toujours, il est son Fils unique. Il a été « engendré, non pas créé, de même nature que le Père[56]. » En effet, un père engendre son ou ses fils en leur donnant la vie. Pourtant, la vie, ne l'avons-nous pas reçue de nos parents de chair ? Alors, à quelle vie Dieu nous engendre-t-il, s'il est notre Père ? Dieu nous engendre à la vie éternelle. Il nous fait le don de la vie nouvelle qui commence ici-bas dans la foi en Jésus-Christ et se prolongera d'une manière parfaite dans l'au-delà. Dieu est bel et bien notre Père puisqu'il nous éveille à la vraie Vie. Nous savons maintenant que Dieu nous considère comme ses enfants bien-aimés et qu'il se complaît en nous.

Si le Père envoie le Fils nous sauver et nous rappeler à lui, c'est précisément dans son excès d'amour pour les hommes ! Il n'a qu'un désir : que l'humanité entière soit réconciliée avec lui, quel que soit le prix à payer. C'est ce que Jésus a cherché à nous transmettre, notamment par la parabole de l'enfant prodigue, dans l'évangile selon saint Luc, au chapitre 15.

Cette parabole, si touchante, est notre histoire à tous. Ce jeune garçon qui pensait trouver le bonheur loin de

54. Évangile selon saint Matthieu 6, 9.

55. Évangile selon saint Jean 20, 17.

56. Credo de Nicée Constantinople.

chez lui, loin de son père, bref loin de Dieu, reviendra quelque temps plus tard à la maison désabusé par son propre égoïsme et honteux d'avoir ainsi déshonoré son père. Il pense ne plus être digne d'être considéré comme un fils et fait le projet de s'offrir comme esclave dans la maison de son propre père. *« Père, j'ai péché contre le ciel et contre toi. Je ne mérite plus d'être appelé ton fils… »* Mais son père, parce qu'il est père et parce qu'il est bon, le reçoit toujours comme son fils. Avant même que son fils ait franchi la porte de la maison, *« comme il était encore loin, son père l'aperçut et fut saisi de pitié ; il courut se jeter à son cou et le couvrit de baisers ».*

Le garçon est transformé. Jamais il ne s'attendait à un pareil amour. Une telle bonté et le pardon de son père lui font oublier sa honte et son péché. Il accepte d'être pardonné ; il comprend qu'il lui est impossible de se racheter tout seul et de réparer sa faute par lui-même. L'étreinte du père dans cette parabole nous révèle le cœur de Dieu. Chacun d'entre nous peut découvrir et obtenir la valeur la plus sûre de son existence : celle d'un amour sans limite et sans fin d'un Dieu est « mon » père !

➲ Suis-je conscient d'avoir été voulu et désiré par Dieu, tel que je suis ?

➲ Ai-je découvert que Dieu est « mon » Père ?

➲ Qu'est-ce que cela change dans ma vie ?

Prière :

« Jamais tu ne tardes »

Sainte Thérèse de Lisieux (1873-1897)

« Ô Toi qui sus créer le cœur des Mères,
Je trouve en Toi le plus tendre des Pères !
Mon seul Amour, Jésus, Verbe Éternel,
Pour moi ton cœur est plus que maternel.
À chaque instant, tu me suis, tu me gardes.
Quand je t'appelle, ah ! jamais tu ne tardes.
Et si parfois tu sembles te cacher,
C'est Toi qui viens m'aider à te chercher.
C'est à Toi seul, Jésus que je m'attache.
C'est en tes bras que j'accours et me cache.
Je veux t'aimer comme un petit enfant.
Je veux lutter comme un guerrier vaillant,
Comme un enfant plein de délicatesses.
Je veux, Seigneur, te combler de caresses
Et dans le champ de mon apostolat,
Comme un guerrier je m'élance au combat !...
Ton cœur qui garde et qui rend l'innocence
Ne saurait pas tromper ma confiance !
En toi, Seigneur, repose mon espoir.
Après l'exil, au Ciel, j'irai te voir…
Lorsqu'en mon cœur s'élève la tempête,
Vers toi, Jésus, je relève la tête.
En ton regard miséricordieux
Je lis : "Enfant, pour toi, j'ai fait les Cieux". »

5. Pourquoi tant de chrétiens sont-ils des contre-témoignages de l'amour de Dieu ?

L'amour de Dieu comporte une véritable exigence pour le croyant, car s'il veut être cohérent avec sa foi, il doit chercher à aimer à l'exemple de Jésus, c'est-à-dire sans limite.

> *« Voici à quoi nous avons reconnu l'amour : lui, Jésus, a donné sa vie pour nous. Nous aussi, nous devons donner notre vie pour nos frères. Celui qui a de quoi vivre en ce monde, s'il voit son frère dans le besoin sans se laisser attendrir, comment l'amour de Dieu pourrait-il demeurer en lui ? Mes enfants, nous devons aimer, non pas avec des paroles et des discours, mais par des actes et en vérité. »*
>
> Première Lettre de saint Jean 3, 16-18

Aimera le plus celui qui se donnera le plus. Si tu veux aimer jusqu'au bout, il faut être prêt à donner toute ta vie, c'est-à-dire à mourir à toi-même, pour les autres et pour l'autre. Ce n'est pas du masochisme, mais la voie de l'amour dictée et vécue par Jésus.

> « L'amour est une rue à sens unique. Il s'écarte en permanence "du soi" pour aller vers l'autre. L'amour est le don ultime de soi à l'autre. Lorsque nous cessons de donner, nous cessons d'aimer ; lorsque nous cessons d'aimer, nous cessons de grandir et, à moins de grandir, nous n'atteindrons jamais l'épanouissement personnel ; nous ne nous ouvrirons jamais pour recevoir la vie de Dieu. »
>
> Mère Teresa[57] (1910-1997)

---

57. Mère Teresa, *Quand l'amour de Dieu est là, Dieu est là*, éd. Desclée de Brouwer, 2011, p. 50.

L'amour du prochain, l'amour désintéressé, comme l'amour d'un Dieu encore inconnu mais désiré, suppose un certain oubli de soi, un certain détachement, une certaine libération. On ne peut être tourné à la fois vers soi et vers les autres.

> « Il ne faut jamais se rechercher soi-même en quoi que ce soit, car dès qu'on commence à se rechercher, à l'instant on cesse d'aimer. »
>
> Sainte Thérèse de Lisieux (1873-1897), religieuse carmélite, docteur de l'Église

« Révise souvent l'authenticité et la pureté de tes amours », dit Michel Quoist[58]. « Ne te pose pas simplement la question : est-ce que j'aime ? Dis-toi : est-ce que je me renonce, est-ce que je m'oublie et est-ce que je me donne ? Si tu es trop "attaché" aux choses de ce monde pour pouvoir aimer, il faut te "détacher". »

Être « détaché » du monde, ce n'est pas être indifférent, au contraire, c'est estimer, admirer, goûter, aimer tellement qu'on ne veut pas accaparer et rester un seul instant sans faire profiter les autres de ses richesses. Tout chrétien est appelé à faire, selon ses possibilités, des œuvres de miséricorde, certaines spirituelles (instruire, conseiller, consoler et conforter) ainsi que d'autres qui sont corporelles (nourrir les affamés, loger les sans-logis, vêtir les déguenillés, visiter les malades et les prisonniers, ensevelir les morts).

L'ascèse est, à la fois, la condition et la conséquence d'une vie généreuse. Qu'elle qu'en soit la conséquence,

58. Michel Quoist, *Réussir*, Éditions de l'Atelier, 2003.

c'est évident : toutes les vies « données », qui nous confondent d'admiration, sont des vies d'hommes et de femmes qui ne « s'appartiennent » pas et qui, à plus forte raison, ne se recherchent pas.

Comment s'y prendre ? En coupant les amarres de nos mauvaises habitudes, de notre égoïsme, de notre orgueil… et en vivant d'amour !

> *« L'amour prend patience ; l'amour rend service ; l'amour ne jalouse pas ; il ne se vante pas, ne se gonfle pas d'orgueil ; il ne fait rien de malhonnête ; il ne cherche pas son intérêt ; il ne s'emporte pas ; il n'entretient pas de rancune ; il ne se réjouit pas de ce qui est mal, mais il trouve sa joie dans ce qui est vrai ; il supporte tout, il fait confiance en tout, il espère tout, il endure tout. »*
>
> Première Lettre de saint Paul aux Corinthiens 13, 4-8

Personne n'a jamais dit qu'être chrétien et aimer à l'exemple de Jésus soit facile à faire ! « *Celui qui veut marcher à ma suite, qu'il renonce à lui-même, qu'il prenne sa croix chaque jour, et qu'il me suive*[59] », dit Jésus. Être chrétien n'est pas une promenade de santé sur un tapis de pétales de roses. On y rencontre des épines. Chaque chrétien est en marche vers l'idéal proposé par Jésus, mais aucun ne prétend (ou ne devrait prétendre) y être déjà parvenu.

➲ Suis-je une personne « aimante » ou cela fait-il longtemps que j'ai cessé d'aimer ? Quels sont « mes amours » ?

59. Évangile selon saint Luc 9, 23.

- ➲ Y a-t-il des mauvaises habitudes auxquelles je devrais renoncer pour aimer en vérité ? Est-ce que j'aime sans accaparer, mais en me donnant moi-même ?
- ➲ Est-ce que je suis capable de me sacrifier pour rendre les autres heureux, sans chercher ma propre satisfaction ?

Prière :

« Acte de charité »

« Mon Dieu, je vous aime de tout mon cœur et plus que tout, parce que vous êtes infiniment bon, et j'aime mon prochain comme moi-même pour l'amour de vous. »

6. Si Dieu est amour, pourquoi le représente-t-on comme notre juge ?

Nous craignons le jugement de Dieu, car nous ne pouvons que constater notre misère et notre péché devant la pureté et la perfection de Dieu. Il se peut même que nous nourrissions en nous une certaine « peur » de Dieu, car s'il est un Dieu juste, alors aucun d'entre nous ne sera jamais assez juste devant lui. Oui, il est toute lumière, mais il est également tout amour. L'amour n'est plus un concept, mais une Personne. Dieu est tout Amour ! Dieu est toute Miséricorde ! Pourquoi avoir peur ?

Dieu n'attend pas de nous une perfection irréprochable. Il nous appelle à vivre d'amour ! Il n'a que faire de nos belles promesses ou de nos grands discours sur la vie. Il veut que nous aimions ! Nos bonnes intentions et nos désirs les plus nobles ne signifient rien s'ils ne sont pas accompagnés d'actes d'amour.

> « Vivre d'Amour, c'est naviguer sans cesse
> Semant la paix, la joie dans tous les cœurs
> Pilote Aimé, la Charité me presse
> Car je te vois dans les âmes mes sœurs
> La Charité voilà ma seule étoile
> À sa clarté je vogue sans détour
> J'ai ma devise écrite sur ma voile : « "Vivre d'Amour". »
>
> Sainte Thérèse de Lisieux (1873-1897)[60], religieuse carmélite, docteur de l'Église

Pour le chrétien, faire la volonté de Dieu signifie édifier notre vie sur le roc de l'Amour pleinement révélé en Jésus-Christ. Toute manifestation d'amour possède une valeur immense, car elle est une participation à la vie même de Dieu qui se définit par l'Amour.

> « C'est à travers l'amour que nous rencontrons Dieu. »
>
> Mère Teresa[61] (1910-1997)

Le moindre petit geste d'amour que nous posons dans notre journée est saisi dans une dimension supérieure d'amour qui va bien au-delà du temps et de l'espace. Ou, pour ainsi dire, tout geste d'amour prend une valeur d'éternité. Parce que Dieu est Amour, *« l'amour ne passera jamais*[62] *»*.

60. Sainte Thérèse DE LISIEUX, *Œuvres*, Février 1895.

61. Mère Teresa, *Quand l'amour de Dieu est là, Dieu est là*, éd. Desclée de Brouwer, 2011, p. 50.

62. Première Lettre de saint Paul aux Corinthiens 13, 8.

> « L'amour seul a un sens, il donne à nos plus petites actions les dimensions de l'infini. »
>
> Sainte Faustine Kowalska (1905-1938), religieuse polonaise[63]

Saint Jean de la Croix le signifiait bien lorsqu'il expliquait qu'à la fin de la vie, nous ne serons jugés que sur l'amour. Ce qui veut dire que nous construisons notre éternité à base d'actes d'amour authentiques. C'est dire le prix – aux yeux de Dieu – de chacun de nos gestes d'amour posés au quotidien !

➲ Suis-je convaincu que la seule exigence que Dieu pose est celle de l'amour ?

➲ Sais-je donner un sens à mes efforts de chaque jour en les réalisant par amour ?

➲ Ai-je réalisé que toute personne qui aime en vérité est proche de Dieu, même si elle ne le sait pas ?

63. Sainte Faustine Kowalska, *Petit Journal*, n° 502.

VI

D'OÙ PROVIENNENT LE MAL ET LA SOUFFRANCE ?

« Heureux l'homme qui supporte l'épreuve
avec persévérance, car, une fois vérifiée sa qualité,
il recevra la couronne de la vie comme la récompense
promise à ceux qui aiment Dieu.
Dans l'épreuve de la tentation, que personne ne dise :
"Ma tentation vient de Dieu."
Dieu en effet ne peut être tenté de faire le mal,
et lui-même ne tente personne. »

Lettre de saint Jacques 1, 12-13

1. L'homme est-il fait pour le bonheur ?

S'il y a un point sur lequel les hommes, malgré leurs différences, se rejoignent, c'est qu'ils désirent tous être heureux. Et si, par hasard, il s'en trouve un qui a cessé de désirer le bonheur, c'est qu'il est atteint d'une maladie que l'on appelle la dépression, et qui empêche l'homme de désirer, d'espérer.

Il est vrai que nous désirons être heureux, que nous le désirons ardemment, et que c'est à cause de cela que nous désirons tout le reste ; il est certain aussi que nous sommes incapables de ne *pas* désirer la vérité et le bonheur :

> « Un homme, c'est une créature qui cherche le bonheur. Par essence, tout homme, tout au long de sa vie, ne fait que chercher le bonheur. Les saints et les assassins, les voleurs et les bienheureux, les pécheurs et les vertueux, absolument tous les hommes qui ont vécu, vivent et vivront sur la terre ne font qu'une seule chose : ils cherchent le bonheur. Ce qui différencie les hommes, c'est uniquement la manière, l'endroit et les moyens qu'ils choisissent pour devenir heureux : c'est en cela que le saint est différent de l'assassin, car tous les deux ne font que chercher le bonheur, mais ils le cherchent différemment. »
>
> Virgil Gheorghiu (1916-1992), écrivain

➲ Quel est le bonheur dont je rêve ?

➲ Quels sont les moyens que je mets en place pour l'obtenir ?

2. Dieu veut-il notre bonheur ?

Grâce à la Bible, nous constatons que la quête du bonheur, inscrite au plus profond du cœur de l'homme, s'accorde parfaitement au plan de Dieu sur sa créature. Dans la Bible, le mot « heureux » revient d'une manière si persistante qu'on ne peut le compter. Prenons comme simple exemple le Livre des Psaumes. Il commence par l'expression : *« Heureux l'homme qui… »* C'est également le mot-clé de l'Évangile qui structure les « béatitudes chrétiennes[64] », c'est-à-dire le chemin pour découvrir et atteindre le bonheur.

Nous trouvons d'autres expressions équivalentes dans l'Évangile, telles que « la recherche du Royaume », « la vie éternelle », ou « la vie » tout simplement, le « salut » et d'autres encore… Prenons le mot « évangile ». En grec, il signifie « bonne nouvelle ». On pourrait l'interpréter comme « la bonne nouvelle du bonheur ». De même, lorsque Jésus dit : *« Je suis venu pour qu'ils aient la vie, et qu'ils l'aient en plénitude[65] »*, il souhaite combler la plus grande aspiration humaine en lui donnant une vie sans fin. Des multitudes d'hommes et de femmes ont marché à la suite de Jésus sur ce chemin de l'Évangile leur traçant la route vers Dieu, le seul vrai bonheur.

Nous pourrions parcourir toute l'Écriture avec cette clé de lecture. Dieu nous répète de mille manières : « Je veux que tu sois heureux » et il nous indique le chemin qui nous y mènera. La Bible prend alors une dimension

64. Cf. Évangile selon saint Matthieu, chapitre 5.

65. Évangile selon saint Jean 10, 10.

toute nouvelle et devrait nous encourager à l'ouvrir fréquemment et avec joie.

« La joie est le signe que la vie est réussie, elle est l'état normal du chrétien », disait Paul Claudel. Nous retrouvons la même idée chez saint François de Sales qui affirmait qu'« un saint triste est un triste saint ». Les saints sont des hommes et des femmes de tout âge et de toute condition qui ont pris l'Évangile au sérieux et y ont trouvé la vraie joie.

➲ Suis-je convaincu que Dieu veut me rendre heureux ?

➲ Est-ce qu'au contraire, je garde au fond de moi l'idée d'un Dieu qui veut que je lui sacrifie mes joies et mes plaisirs pour réparer le mal que j'ai fait ?

Prière :
« Le Seigneur est mon berger »
Psaume 22

« Le Seigneur est mon berger,
Je ne manque de rien.
Sur des prés d'herbe fraîche,
Il me fait reposer.
Il me mène près des eaux tranquilles
Et me fait revivre ;
Il me conduit par le juste chemin
Pour l'amour de son nom.
Si je traverse les ravins de la mort,
Je ne crains aucun mal,
Car tu es avec moi ;
Ton bâton me guide et me rassure.
Grâce et bonheur m'accompagnent

> Tous les jours de ma vie ;
> J'habiterai la maison du Seigneur
> Pour la durée de mes jours. »

3. Qu'est-ce que le bonheur et comment y parvenir ?

Bien que Dieu souhaite le meilleur pour nous, c'est-à-dire notre bonheur, le chemin pour y parvenir est ardu. En effet, Dieu n'est pas « une machine à bonheur » et la foi n'empêche pas les malheurs d'arriver. Nous vivons au cœur d'un monde dur, un monde de violence : conflits armés, violence dans les rues, infidélités dans les couples, ruptures familiales, catastrophes naturelles et nucléaires, maladies… Tout cela n'a rien de nouveau et a malheureusement toujours fait partie de la condition humaine depuis le péché.

Nous pourrions croire que, pour être heureux, il faut attendre que tous les problèmes soient résolus. Mais c'est une erreur, car le vrai bonheur n'est pas le fruit de facteurs extérieurs ; il est lié à notre manière de vivre selon la loi de l'amour.

> « Le bonheur c'est – et en même temps ce n'est pas – avoir tout ce que l'on veut. Nous ne voulons pas toujours ce qui va nous rendre heureux. Un alcoolique veut un verre de whisky. Un misanthrope veut qu'on le laisse seul. Un dictateur veut contrôler toutes les personnes qui sont sur la surface de la terre. Pour être heureux, nous n'avons pas seulement besoin d'avoir ce que nous voulons, nous devons aussi apprendre à vouloir ce qui est bon. »
>
> Un prêtre

La difficulté, c'est que nous confondons souvent bonheur et plaisir : le plaisir ne rend heureux que durant quelques instants. Il est essentiellement passager et superficiel : plaisir de posséder, de commander, de plaire. Quand l'un est épuisé, il faut absolument en trouver un nouveau, et c'est une quête sans fin. Tout cela ne donne pas le bonheur. Il est quand même étonnant de constater que c'est dans les pays les plus développés et les plus riches que l'on connaît le plus fort taux de suicides, surtout chez les jeunes. Quand on est heureux, on devrait normalement avoir le désir de vivre dans cette joie. Nous sommes forcés d'en conclure que la possession de tous les biens que notre société hypersophistiquée nous fait de plus en plus désirer ne procure pas le vrai bonheur des hommes.

Voulons-nous être heureux à la manière de Jésus ? Ses paroles sont dures à entendre et contrastent avec le bonheur passager que nous promet notre société matérialiste. Jésus, quant à lui, ne nous promet pas une vie sans problèmes, mais il nous encourage à les prendre à bras-le-corps, sans les fuir ni les ignorer. Jésus nous invite également à ne pas nous focaliser sur ce qui nous fait souffrir, au risque de nous enfermer dans la lamentation. Élevons notre regard vers Celui pour qui rien n'est impossible. Il a vaincu la mort ! Redoublons de confiance et prenons le temps de relire et de méditer sur le bonheur dont Jésus nous parle :

> *« Heureux ceux qui ont une âme de pauvre, car le Royaume des Cieux est à eux.*
> *Heureux les doux, car ils posséderont la terre.*
> *Heureux les affligés, car ils seront consolés.*

> *Heureux les affamés et assoiffés de la justice, car ils seront rassasiés.*
> *Heureux les miséricordieux, car ils obtiendront miséricorde.*
> *Heureux les cœurs purs, car ils verront Dieu.*
> *Heureux les artisans de paix, car ils seront appelés fils de Dieu.*
> *Heureux les persécutés pour la justice, car le Royaume des Cieux est à eux.*
> *Heureux êtes-vous quand on vous insultera, qu'on vous persécutera, et qu'on dira faussement contre vous toute sorte d'infamie à cause de moi. »*
>
> Évangile selon saint Matthieu, chapitre 5

➲ Ai-je compris que le seul vrai bonheur est le fruit d'une attitude intérieure qui consiste à se donner aux autres au quotidien ?

➲ Ai-je intégré le fait que le bonheur n'aplanit pas toujours les difficultés et ne résout pas tous les problèmes ?

4. La foi rend-elle heureux sur terre ou au ciel ?

Souvent, on entend dire que Dieu ne serait rien de plus qu'une consolation psychologique inventée par l'homme faible, une consolation pour combler le vide de son existence et la peur de la mort. Cependant, le christianisme apporte une réponse de plénitude à toutes les attentes de la personne. Il souhaite que l'homme et la femme soient déjà comblés dans leur existence terrestre et pas seulement dans l'éternité ! Pour y parvenir, un seul chemin nous est indiqué : Jésus lui-même. *« Je suis le chemin, la vérité et la vie*[66] », a-t-il dit.

> « Comment n'avez-vous pas réfléchi à ce fait étrange que seuls les chrétiens sont les hommes qui possèdent la joie et à qui leur croyance n'apporte jamais de déception, mais au contraire un attachement, un intérêt, un émerveillement toujours nouveaux ? J'ai souvent entendu reprocher aux chrétiens, d'un petit air supérieur, que la raison de leur foi est la joie et la consolation qu'elle leur procure. Mais il me semble que nous ne pouvons trouver de meilleure justification, parce que c'est là un fait et non pas un raisonnement. La preuve du pain, c'est qu'il nourrit ; la preuve du vin, c'est qu'il enivre ; la preuve de la vérité, c'est la vie ; et la preuve de la vie, c'est qu'elle fait vivre ! Ce sont là des réalités substantielles contre lesquelles aucune argumentation n'a de prise… »
>
> Paul Claudel (1868-1955), écrivain

Comme tout homme, le chrétien est un chercheur de vie et de bonheur. Il découvre en Jésus Christ celui qui lui trace le chemin et l'invite à marcher à sa suite, car *« celui qui me suit*, dit Jésus, *ne marchera pas dans les ténèbres, mais il aura la lumière de la vie*[67] », et sa vie débouchera sur le bonheur auquel il aspire. *« Votre tristesse se changera en joie, et votre joie, nul ne pourra vous la ravir*[68] », dit encore Jésus. La joie, c'est la jouissance du

66. Évangile selon saint Jean 14, 6.
67. Évangile selon saint Jean 8, 12.
68. Évangile selon saint Jean 16, 22.

bien présent. Elle sera rendue parfaite au Ciel lorsque s'accompliront les béatitudes données par Jésus.

> « L'homme est fait pour le bonheur. Votre soif de bonheur est donc légitime. Le Christ a la réponse à votre attente et vous demande de lui faire confiance. La joie véritable est une conquête qui ne s'obtient pas sans une lutte longue et difficile. Le Christ possède le secret de la victoire. Chers amis, le Christ et l'Église vous regardent aujourd'hui et attendent que vous deveniez le peuple des Béatitudes. Heureux êtes-vous si vous êtes comme Jésus, pauvres de cœur, bons et miséricordieux ; si vous savez chercher ce qui est juste et droit ; si vous avez un cœur pur ; si vous êtes artisans de paix ; si vous aimez et servez les pauvres. Heureux êtes-vous ! »
>
> Pape Jean-Paul II (1920-2005)

➲ Est-ce que je possède la joie et la paix intérieures, fruits de la foi en Jésus ?

➲ Est-ce que je vis ma vie de chaque jour tout en gardant le regard fixé sur l'éternité ?

Prière :

« Dieu seul suffit »

Sainte Thérèse d'Avila (1515-1582)

« Que rien ne te trouble.
Que rien ne t'effraie.
Tout passe.
Dieu ne change pas.
La patience obtient tout.
Celui qui a Dieu ne manque de rien.
Dieu seul suffit. »

5. La souffrance est-elle un châtiment venant de Dieu ?

La souffrance fait bel et bien partie de toutes les existences humaines, de chaque vie. Qui oserait affirmer le contraire ? La difficulté est de savoir d'où elle provient et surtout, pourquoi elle s'acharne sur l'humanité. Pourquoi ne peut-on pas envisager une existence sans souffrance ? Pourquoi la perfection n'est-elle pas possible ? Serions-nous mauvais par nature ? Ou alors, Dieu serait-il mauvais ? Dieu voudrait-il nous punir ?

> « Comme l'agir, la souffrance fait aussi partie de l'existence humaine. Elle découle, d'une part, de notre finitude et, de l'autre, de la somme de fautes qui, au cours de l'histoire, s'est accumulée et qui encore aujourd'hui grandit sans cesse. »
>
> Pape Benoît XVI[69]

La réponse chrétienne à la question de l'origine de la souffrance n'est pas que l'homme est un être foncièrement mauvais, mais qu'il est un être « fini », c'est-à-dire un être qui a des limites. Il est évident qu'aucun d'entre nous ne peut se dire parfait ni tout-puissant. Il y a trop de facteurs qui nous échappent et ne nous permettent pas d'être complètement libres ni complètement maîtres de notre existence ; ne serait-ce que pour prédire le jour de notre naissance ou celui de notre mort. De même, l'homme est incapable d'éviter certaines souffrances qui lui arrivent.

Être chrétien ne nous dispense pas de souffrir. La foi n'atténue pas la souffrance. Bien entendu, nous

---

69. Benoît XVI, Lettre encyclique *Spe Salvi*, n° 36.

devons tout faire pour combattre la souffrance là où cela est possible. Nous devons empêcher la souffrance des innocents, calmer les douleurs et aider à surmonter les souffrances psychiques. C'est là une exigence, non seulement pour tout chrétien, mais aussi pour tout homme.

> « Oui, nous devons tout faire pour surmonter la souffrance, mais l'éliminer complètement du monde n'est pas dans nos possibilités – simplement parce que nous ne pouvons pas nous extraire de notre finitude et parce qu'aucun de nous n'est en mesure d'éliminer le pouvoir du mal, de la faute, qui, nous le voyons, est continuellement source de souffrance. Dieu seul pourrait le réaliser : seul un Dieu qui entre personnellement dans l'histoire en se faisant homme et qui y souffre. Nous savons que ce Dieu existe et donc que ce pouvoir qui *"enlève le péché du monde*[70]*"* est présent dans le monde. »
>
> Pape Benoît XVI[71]

La foi chrétienne, c'est suivre ce Dieu qui comprend notre souffrance, qui la porte sur ses épaules et dans son cœur, et qui la rachète en l'associant à sa propre souffrance. Cette foi, et uniquement cette foi-là, est la source d'espérance de la guérison du monde. Parce que Dieu s'est fait homme, parce qu'il a souffert comme nous et parce qu'il a vaincu la souffrance et la mort par sa Résurrection, le chrétien peut espérer en sa propre guérison et en celle du monde.

---

70. Évangile selon saint Jean 1, 29.

71. Benoît XVI, Lettre encyclique *Spe Salvi*, n° 36.

> « Il s'agit précisément d'espérance et non encore d'accomplissement ; espérance qui nous donne le courage de nous mettre du côté du bien même là où cela semble sans espérance. »
>
> Pape Benoît XVI[72]

Comme le disait un père de famille âgé de cinquante-trois ans et atteint par un cancer :

> « La souffrance est une absurdité, elle n'a aucune valeur. C'est seulement l'homme dans la souffrance qui peut prendre de la valeur. On dit parfois qu'il faut "offrir" ses souffrances. Non ! On n'offre pas quelque chose de mauvais. Le Christ n'a pas offert ses souffrances à son Père, il lui a offert ce qu'il devenait dans ces souffrances, un être qui allait, comme dit si bien saint Jean, jusqu'au bout de l'amour, jusqu'à ces sommets d'amour qui nous sauvaient[73]. »

➲ Ai-je compris que Dieu ne « veut » pas le mal, mais que c'est une conséquence de la condition terrestre et de la liberté humaine ?

➲ Est-ce que je fais tout ce que je peux pour empêcher la souffrance et consoler ceux qui souffrent autour de moi ?

6. Que fait Dieu pour combattre la souffrance ?

> « Dans l'Évangile, il nous est dit que Dieu nous aime d'un amour fou. Alors comment pourrait-il rester impassible

72. Benoît XVI, Lettre encyclique *Spe Salvi*, n° 36.

73. Interview d'André Sève, Journal *La Croix*, 20 avril 1998.

lorsque nous souffrons ? Sinon, il ne serait plus le Dieu d'amour. Donc il souffre avec nous. Le croyant qui se révolte contre Dieu ne nie pas l'existence de celui-ci. Au contraire, il s'agit d'un acte de foi. »

« La souffrance n'est pas un châtiment de Dieu. Dieu ne peut pas être l'auteur de ce qui amoindrit l'homme et le fait souffrir. Au contraire, Dieu veut avant tout son bonheur. »

« Pour que Dieu nous vienne en aide, il faut l'implorer, Il viendra. Celui qui nie l'existence de Dieu n'a pu recevoir de réponse puisqu'il ne l'a jamais appelé au secours. Et celui qui n'appelle pas, Dieu le laisse libre dans tout ce qu'il veut faire. Il ne va pas l'empêcher de faire le mal puisqu'il l'a créé libre. »

« Bien loin d'être un signe de résignation ou de défaitisme, la croix du Christ est au contraire le signe de la lutte ardente et incessante contre tous les maux et toutes les souffrances. Elle est une étape avant la résurrection et le bonheur infini que Dieu souhaite pour tous les hommes. Elle est signe de libération, elle est rédemptrice. »

« Étrange paradoxe de ce Dieu Jésus-Christ : un Dieu bon et tout-puissant qui se révèle impuissant devant le mal. Mais, en nous montrant, par sa mort sur la croix et sa résurrection, que Dieu est toujours à nos côtés, Jésus nous ouvre le chemin de la vie. En même temps, il nous invite à toujours nous battre avec lui contre tous les maux et toutes les souffrances parce que nous sommes faits pour vivre, pour le bonheur. **Dieu n'est pas venu pour supprimer la souffrance. Il n'est même pas venu l'expliquer, Il est venu la remplir de sa présence.** »

« En résumé, nous pouvons dire que Dieu ne nie pas le mal, mais Il s'en charge librement par son Fils. Il se rend solidaire avec nous dans le Christ, pour abolir le mal et la souffrance. »

Paul Claudel (1868-1955), écrivain

- ➲ Quelle est ma réaction face à la souffrance ? Le courage ? La résignation ? La haine contre quelqu'un, contre la vie ou contre Dieu… ?
- ➲ Est-ce que je me confie à Dieu au milieu de mes souffrances, sachant qu'il vient les remplir de sa présence et qu'il est prêt à m'aider à les porter ?

7. Pourquoi Dieu permet-il la souffrance ?

Ne perdons pas de vue que Dieu est Amour. Il est toujours notre Père, même lorsque nous nous trouvons dans une situation douloureuse. Une mère ne cesse pas d'aimer son enfant parce qu'il est malade, c'est plutôt le contraire : elle l'aimera d'autant plus qu'il est malade !

Vivons donc dans la confiance. Dieu n'est ni colérique ni castrateur. Ce n'est pas lui qui nous envoie des difficultés pour éprouver notre foi. Dieu est même tellement bon qu'il ne nous abandonne pas lâchement au mal qui s'abat sur nous. Il ne permettra jamais qu'un mal, quel qu'il soit, triomphe sur nous ou sur le monde sans en faire surgir un bien inespéré.

> « Dieu ne tolère le mal que pour en faire sortir quelque chose de mieux. »
>
> Saint Thomas d'Aquin (1225-1274), prêtre, dominicain et docteur de l'Église

Apprenons à situer les difficultés de notre vie dans une perspective de foi, c'est-à-dire dans la perspective de l'éternité, car tout passe. La souffrance aussi passera.

Notre confiance en Dieu devrait se traduire en prière de gratitude face à tout événement, même douloureux. « Merci » parce que Dieu ne nous laisse pas seuls devant les difficultés, mais parce qu'il les vit avec nous. Et « merci » encore parce qu'il saura nous donner d'autres bénédictions jamais imaginées à travers les souffrances à affronter.

> « Les chrétiens ne doivent pas rechercher la souffrance, mais quand ils se heurtent à une souffrance inévitable, cela peut avoir du sens pour eux d'unir leurs souffrances à celles du Christ. Jésus dit : *"Si quelqu'un veut venir à ma suite, qu'il se renie lui-même, qu'il se charge de sa croix, et qu'il me suive*[74]*."* Les chrétiens ont le devoir de lutter contre la souffrance dans le monde. Pourtant, la souffrance continuera d'exister. Dans la foi, nous pouvons accepter notre propre souffrance et partager celle des autres. De cette manière, la souffrance humaine est intégrée à l'amour rédempteur du Christ et devient de ce fait partie prenante de la puissance divine qui tire le monde vers le bonheur. »
>
> *Youcat,* catéchisme pour les jeunes, § 102

➲ Quelles sont ou ont été mes souffrances ? Ai-je demandé à Dieu de me soutenir dans ces moments ?

➲ Plutôt que penser que Dieu me met à l'épreuve, est-ce que je sais lui dire « merci » de m'accompagner dans les événements douloureux de ma vie ?

➲ Dans l'épreuve, est-ce que j'intensifie ma prière en redoublant de confiance ?

---

74. Évangile selon saint Marc 8, 34.

Prière :

« Dans la maladie »

Pierre Lyonnet

« Seigneur, je Te supplie de me délivrer
de cette tentation harcelante de considérer le temps
de ma maladie comme une mesure pour rien dans ma vie,
une période creuse et sans valeur.

Que je revienne à la santé ou que j'aille peu à peu
à mon éternité, je dois avant tout rester à la barre ;
ma vie, je dois la vivre au jour le jour
et Te la donner tous les jours.
Il ne s'agit point de partir à la dérive…

Je n'ai pas à attendre un lendemain incertain
ni à me bercer de rêves ou de regrets :
je suis malade, je Te sers malade.
Vais-je attendre, pour T'aimer, des circonstances qui,
peut-être, ne se produiront jamais ?
Et s'agit-il pour moi de T'aimer à mon goût
ou de Te servir là où Tu m'attends ?

Seigneur, ma vie n'est pas manquée
pour être une vie de malade.
Je veux la remplir à déborder,
avec ta grâce qui se joue du temps
et n'a que faire des actions glorieuses pour le monde. »

VII

Que veut faire Dieu de nous ?

« À l'image du Dieu saint qui vous a appelés, soyez saints, vous aussi, dans toute votre conduite, puisque l'Écriture dit : Soyez saints, car moi, je suis saint. »

Première Lettre de saint Pierre 1, 15-16

1. Pour quoi Dieu nous a-t-il créés ?

Qui ne voudrait pas réussir ! À quelque âge que l'on en soit, on désire réussir et c'est bien. Cela donne toute une dynamique à ses journées, sans laquelle tout pourrait paraître fade ou mou. Oui, il faut vouloir réussir… Mais qu'est-ce que réussir ? Pour un chrétien, réussir, c'est devenir un saint. Et ce n'est pas facultatif. Pendant tout un temps, on a pu croire que c'était une carrière réservée à des personnes extraordinaires, hors du commun, auxquelles le Seigneur donnerait des grâces spéciales. C'est faux. La sainteté – la vocation à la sainteté – est pour tout le monde. C'est la volonté de Dieu pour chacun d'entre nous et cet appel résonne à travers toute la Bible, l'Ancien comme le Nouveau Testament. Saint Paul nous le redit merveilleusement :

> *« Dieu nous a élus en Lui, dès avant la fondation du monde, pour être saints et immaculés en sa présence dans l'amour. »*
>
> Lettre de saint Paul Apôtre aux Éphésiens 1, 4

La vie d'un homme, d'une femme, d'un jeune ou d'un enfant peut être complètement transformée le jour où il réalise cette merveille : Dieu me veut saint. C'est sa joie. Ce sera ma plus belle réussite et c'est possible. Mais comment s'y prendre ?

D'abord faire le constat que je ne peux pas tout seul et qu'il y a des fausses pistes. La sainteté n'est pas de l'héroïsme ou le résultat d'efforts surhumains pour bien observer des règles… Non, je risquerais de me raidir, de me casser et de briser les autres. La sainteté consiste tout simplement à accueillir en moi la sainteté du seul vrai Saint : Dieu lui-même. La sainteté, c'est l'accueil de la grâce de Dieu qu'on laisse agir. Sainte Thérèse de Lisieux l'avait bien compris, lorsqu'elle disait :

> « La sainteté, ce n'est pas telle ou telle pratique... c'est une disposition du cœur qui nous rend humbles et petits entre les mains de Dieu, conscients de notre faiblesse et confiants jusqu'à l'audace en la bonté du Père. »
>
> Sainte Thérèse de Lisieux (1873-1897), religieuse carmélite, docteur de l'Eglise

Il s'agit donc en premier lieu d'accueillir la sainteté de Dieu, c'est-à-dire son amour, et d'en vivre. En définitive, un seul mot résume cette magnifique aventure : aimer. « Aime et fais ce que tu veux ! » disait saint Augustin. Il faut donc aimer et c'est difficile, mais il suffit d'aimer et ce n'est pas compliqué. « Seule compte la foi s'exerçant dans la charité », affirme saint Paul. « Nous serons jugés sur l'amour », enseigne saint Jean de la Croix. « Ma vocation, enfin je l'ai trouvée, reprend sainte Thérèse, dans le cœur de l'Église, ma Mère, je serai l'Amour. » À la suite du Christ, tous les saints nous redisent la même chose par leur vie : « Aimez-vous les uns les autres. » Aimez jusqu'à mourir d'amour. Aimez même ceux qui ne vous aiment pas. Voilà la sainteté chrétienne. Sans Dieu, c'est impossible, mais avec Lui, en Lui, par Lui, tout est possible.

Maintenant, regardons les visages des saints : ils sont beaux, ils sont lumineux de cette lumière qui vient de la joie qui les habite. Les saints sont heureux, parce qu'ils aiment. Alors ils vivent, ils existent vraiment. Finalement, il nous faut le dire, seuls existent les saints.

Non seulement eux seuls existeront au ciel, puisqu'il nous faut le devenir pour entrer au Paradis, mais dès maintenant, seuls existent les saints. Les autres sont peut-être des viveurs, mais ils ne sont pas des vivants. Dieu nous veut saints, c'est-à-dire pleinement nous-mêmes, vivants, heureux. Il suffit de le laisser agir pour nous apprendre à aimer.

➲ Suis-je convaincu d'avoir été créé pour la sainteté ?

➲ Quelle est la sainteté à laquelle Dieu m'appelle ? En quoi consiste-t-elle ?

➲ Ai-je dépassé l'idée que la vie d'un saint doit être terriblement ennuyeuse, mais qu'au contraire, c'est celle-là la vraie vie ?

Prière :
« Je t'offre… »
Tiré de la spiritualité de Regnum Christi

« Seigneur Jésus,
Je T'offre mes mains pour faire ton travail.
Je T'offre mes pieds pour suivre ton chemin.
Je T'offre mes yeux pour voir comme Toi.
Je T'offre ma langue pour dire tes paroles.
Je T'offre mon intelligence pour que Tu penses en moi.
Je T'offre mon esprit pour que Tu pries en moi.
Surtout, je T'offre mon cœur pour qu'en moi,
Tu aimes le Père et tous les hommes.
Je T'offre tout ce que je suis pour que Tu grandisses en moi,
pour que ce soit Toi, le Christ, qui vives,
travailles et pries en moi. »

2. N'est-ce pas prétentieux de chercher à devenir saint ?

« Devenir saint » n'a rien à voir avec « devenir parfait ». La sainteté consiste à vivre avec Dieu plutôt qu'à éliminer nos défauts. Être saint, c'est être « à Dieu », c'est lui appartenir à tel point que nous ne nous appartenons plus à nous-mêmes, mais qu'en tout ce que nous faisons, nous reflétons son amour. Nous ne pouvons donc pas nous enorgueillir d'être saint, car ce serait la preuve que nous ne le sommes pas !

> « Seul le saint est un homme achevé qui s'est totalement libéré de lui-même pour accueillir en lui tout Dieu et toute l'humanité. »
>
> Michel Quoist (1921-1997), prêtre

Dieu nous adresse un appel clair à la sainteté :

> « Contemplez et réfléchissez ! Dieu nous a créés pour partager sa même vie. [...] Il nous appelle à être "siens". Il veut que nous soyons tous saints. Chers jeunes, ayez la sainte ambition d'être saints, comme Lui est saint ! Vous me demanderez : mais aujourd'hui, est-il possible d'être saints ? Si l'on ne comptait qu'avec les forces humaines, ce serait sans doute une entreprise impossible[75]. »
>
> Pape Jean-Paul II (1920-2005)

Alors, comment s'y prendre ? Sainte Thérèse de Lisieux apporte une réponse simple et pleine de vérité :

75. Jean-Paul II, Message d'invitation à la Journée Mondiale de la Jeunesse à Rome en 2000.

« Je puis donc malgré ma petitesse aspirer à la sainteté. Me grandir, c'est impossible, je dois me laisser porter telle que je suis, avec mes imperfections. Mais je veux chercher le moyen d'aller au ciel par une voie bien droite, bien courte, une petite voie toute nouvelle… je suis trop petite pour monter le rude escalier de la perfection… L'ascenseur qui doit m'élever jusqu'au ciel, ce sont vos bras, ô Jésus. Pour cela, je n'ai pas besoin de grandir, au contraire, il faut que je reste petite, que je le devienne de plus en plus. »

Sainte Thérèse de Lisieux (1873-1897), religieuse carmélite, docteur de l'Église

➲ Que puis-je mettre en œuvre dès maintenant pour être davantage à Dieu et partager sa vie ?

➲ Ai-je compris que cela ne sert à rien de vouloir connaître mon « degré de sainteté », ni de me comparer aux autres dans ce domaine ?

Prière :

« Pour demander l'humilité »

Saint Vincent de Paul (1581-1660)

« Ô Dieu Sauveur, je vous en prie, donnez-nous l'humilité,
vous qui avez toujours cherché la gloire de votre Père aux
dépens de votre propre gloire, aidez-nous à renoncer une fois
pour toutes à nous complaire en vain dans les succès.
Délivrez-nous de l'orgueil caché
et du désir que les autres nous estiment.
Nous vous supplions, Seigneur miséricordieux,
de nous donner l'esprit de pauvreté.
Ô Sauveur, vous êtes venu nous apprendre à aimer
notre prochain comme nous-mêmes.
Vous nous avez montré, par votre vie,
que le service des Pauvres est préférable à tout.
Aidez-nous à comprendre que ce n'est point
Vous quitter que de Vous quitter pour eux.
En eux, Seigneur, nous vous rencontrons ;
en les servant, nous vous servons.
Ô mon Dieu, nous sommes prêts à accepter tout
ce que vous nous enverrez, à l'accepter promptement,
entièrement, constamment et avec amour.
Nous nous jetons dans vos bras, Sauveur du monde.
Seigneur, tirez-nous après vous, faites-nous la grâce de suivre
votre exemple et de regarder toutes choses
comme vous les regardez.
Avec vous, Seigneur, jamais rien ne nous manquera
et jamais rien ne nous retiendra.
Dieu soit loué ! Dieu soit béni !

3. De quel droit Dieu nous dit-il ce que nous devons faire ?

Le Dieu des chrétiens ne reste pas absent de la vie quotidienne de ceux qu'il a créés, comme s'il restait suspendu quelque part dans le ciel en regardant la planète Terre tourner… Ce qu'il pense, ce qu'il souhaite pour le bonheur de ceux dont il est le Père, il l'a inscrit au plus profond de l'homme.

> *« La loi de Dieu est inscrite dans notre cœur. Cette loi que je te prescris aujourd'hui n'est pas au-delà de tes moyens ni hors de ton atteinte. Elle n'est pas dans les cieux, qu'il te faille dire : "Qui montera pour nous aux cieux nous la chercher, que nous l'entendions pour la mettre en pratique ?" Elle n'est pas au-delà des mers, qu'il te faille dire : "Qui ira pour nous au-delà des mers nous la chercher, que nous l'entendions pour la mettre en pratique ?" Car la parole est tout près de toi, elle est dans ta bouche et dans ton cœur pour que tu la mettes en pratique. »*
>
> Livre du Deutéronome 30, 11-14

La loi de Dieu, que nous dit-elle ? Elle consiste en une participation à la sagesse et à la bonté de Dieu. Elle exprime le sens moral originel, qui permet à l'homme de discerner, par sa raison et sa conscience, le bien et le mal. Elle est universelle et immuable ; elle pose les bases des devoirs et des droits fondamentaux de la personne, ainsi que de la communauté humaine et de la loi civile elle-même. **La loi de Dieu mène toujours au Bien.** Elle nous donne dix points de repères non négociables, ce sont les dix commandements. Ceux-ci remontent au temps de Moïse, dans l'Ancien Testament (cf. Livre de l'Exode au chapitre 20 et Livre du Deutéronome au chapitre 5). Ils expriment les devoirs fondamentaux du croyant envers Dieu et envers le prochain. Ce sont les suivants :

1. *Tu aimeras le Seigneur ton Dieu par-dessus toutes choses.*
2. *Tu ne prononceras pas le nom de Dieu en vain.*
3. *Tu sanctifieras le jour du Seigneur.*
4. *Tu honoreras ton père et ta mère.*
5. *Tu ne tueras pas.*
6. *Tu ne commettras pas d'adultère.*
7. *Tu ne voleras pas.*
8. *Tu ne mentiras pas.*
9. *Tu ne convoiteras pas la femme de ton prochain.*
10. *Tu ne convoiteras pas le bien des autres.*

Celui qui cherche sincèrement le Bien vit en conformité d'amour avec ce que Dieu veut ; cela veut dire qu'il construit sa vie sur le roc des commandements et qu'il est à l'écoute de cette loi intérieure qui l'habite. Dieu étant l'Auteur de sa création, il sait ce qu'il y a de mieux pour nous. Un peu comme l'alpiniste qui est assuré par une corde pendant toute l'ascension d'une haute montagne, ainsi Dieu nous indique-t-il, par la loi intérieure qui nous habite, le chemin le plus sûr pour arriver au sommet.

➲ Les commandements de Dieu sont-ils des points de repères pour mon agir quotidien ?

➲ Suis-je un homme/une femme de Bien ?

Prière :

« Je m'appuie sur toi »

Pape Clément XI (1649-1721)

« Mon Dieu, rends-moi prudent(e) dans les entreprises,
courageux(se) dans les dangers, patient(e)
dans les difficultés et humble dans le succès.
Ne me laisse jamais oublier de joindre l'attention
à mes prières, la tempérance à mes repas, l'exactitude
à mes emplois et la constance à mes résolutions.
Seigneur, inspire-moi le soin d'avoir toujours
une conscience droite, un extérieur modeste,
une conversation édifiante et une conduite régulière.
Que je m'applique sans cesse à dompter la nature,
à seconder la grâce, à garder tes commandements
et à mériter le salut.
Mon Dieu, découvre-moi quelle est la petitesse de la terre,
la grandeur du ciel, la brièveté du temps
et la longueur de l'éternité.
Fais, Seigneur, que je me prépare à la mort,
que je craigne ton jugement,
que j'évite l'enfer et que j'obtienne enfin le paradis,
par notre Seigneur Jésus-Christ. Ainsi soit-il. »

4. La morale chrétienne nous enchaîne-t-elle ?

Le mode de pensée actuel a sur nous une forte influence, si bien que tout ce qui se rapproche d'une règle, d'une norme, d'un dogme, d'une loi, d'un commandement, a acquis une connotation très négative. Et c'est malheureusement parmi ces catégories que nous avons tendance à « caser » la morale chrétienne. Nous pouvons avoir l'a priori de penser que Dieu nous prive de notre liberté et qu'il nous domine. Pourtant, l'idée juive et chrétienne de la loi divine a toujours gardé un sens éminemment positif :

> *« J'ai choisi la voie de vérité,*
> *Je me conforme à tes jugements.*
> *Je cours sur la voie de tes commandements,*
> *Car tu as mis mon cœur au large.*
> *Guide-moi au chemin de tes commandements,*
> *Car j'ai là mon plaisir. »*
>
> Psaume 119, 30 ; 32 ; 35

Jésus-Christ vient à la rencontre de chaque homme et de chaque femme de toute époque – de la nôtre aussi – avec ces paroles : « *Si vous demeurez fidèles à ma parole, vous êtes vraiment mes disciples ; alors vous connaîtrez la vérité, et la vérité vous rendra libres* »[76]. » **Jésus-Christ est le Messie de la liberté la plus profonde.**

Il se présente lui-même comme étant le chemin, la vérité et la vie[77]. Rien en lui n'est oppressant pour l'homme et la femme qui le suivent. Bien au contraire, il continue à nous dire :

76. Évangile selon saint Jean 8, 32.
77. Cf. évangile selon saint Jean 14, 6.

« Venez à moi, vous tous qui peinez sous le poids du fardeau, et moi, je vous procurerai le repos. Prenez sur vous mon joug, devenez mes disciples, car je suis doux et humble de cœur, et vous trouverez le repos. Oui, mon joug est facile à porter, et mon fardeau, léger. »

Évangile selon saint Matthieu 11, 28-30.

La vraie liberté est la libération du péché et des vices. *« Amen, amen, je vous le dis : tout homme qui commet le péché est esclave du péché*[78]. » Mais celui qui renonce au mal et choisit le bien au quotidien, dans les petites et les grandes choses, celui-là goûte à la vraie liberté intérieure.

« La première liberté, c'est donc de ne pas commettre de péchés graves… comme l'homicide, l'adultère, la fornication, le vol, la tromperie, le sacrilège et toutes les autres fautes de ce genre. Quand un homme s'est mis à renoncer à les commettre – et c'est le devoir de tout chrétien de ne pas les commettre –, il commence à relever la tête vers la liberté, mais ce n'est qu'un commencement de liberté, ce n'est pas la liberté parfaite… »

Saint Augustin (354-430), évêque

Jésus est vrai. Aller à sa suite implique une certaine cohérence initiale, puis régulière, bien sûr. Celui qui souhaite rencontrer Jésus et l'aimer renonce naturellement à ce qui peut le décevoir ou lui déplaire. « La grâce du Christ agit aussi en tout homme qui, suivant sa conscience droite, recherche et aime le vrai et le bien, et évite le mal [79]. »

---

78. Évangile selon saint Jean 8, 34.
79. *Catéchisme de l'Église catholique*, § 359.

Parce que Jésus est le visage de l'Amour de Dieu, il ne peut cohabiter dans une âme qui tolère le péché. Il est nécessaire d'ordonner sa vie selon les exigences divines.

> *« On sait bien à quelles actions mène la chair : débauche, impureté, obscénité, idolâtrie, sorcellerie, haines, querelles, jalousie, colère, envie, divisions, sectarisme, rivalités, beuveries, gloutonnerie et autres choses du même genre. Je vous préviens, comme je l'ai déjà fait : ceux qui agissent de cette manière ne recevront pas en héritage le Royaume de Dieu. Mais voici ce que produit l'Esprit : amour, joie, paix, patience, bonté, bienveillance, foi, humilité et maîtrise de soi. Face à tout cela, il n'y a plus de loi qui tienne. Ceux qui sont au Christ Jésus ont crucifié en eux la chair, avec ses passions et ses tendances égoïstes. »*
>
> Lettre de saint Paul aux Galates 5, 19-24

Osons vivre selon les exigences de l'Évangile ! « N'ayez pas peur du Christ ! Il n'enlève rien et il donne tout[80]. »

➲ Ai-je saisi que la liberté véritable s'obtient en posant chaque jour une option pour le bien et pour « le meilleur » à accomplir ?

➲ Il est souvent plus facile de faire le mal plutôt que le bien. Suis-je esclave d'une mauvaise habitude ou d'un péché dont je n'arrive pas à me libérer ? Lequel ?

---

80. Homélie de Benoît XVI, lors de la messe inaugurale de son pontificat, le 24 avril 2005.

Prière :

« Devenir un instrument de paix »

Saint François d'Assise (1181-1226)

« Seigneur, fais de moi un instrument de ta paix,
Là où est la haine, que je mette l'amour.
Là où est l'offense, que je mette le pardon.
Là où est la discorde, que je mette l'union.
Là où est l'erreur, que je mette la vérité.
Là où est le doute, que je mette la foi.
Là où est le désespoir, que je mette l'espérance.
Là où sont les ténèbres, que je mette la lumière.
Là où est la tristesse, que je mette la joie.
Ô Seigneur, que je ne cherche pas tant
à être consolé qu'à consoler,
à être compris qu'à comprendre,
à être aimé qu'à aimer.
Car c'est en se donnant qu'on reçoit,
c'est en s'oubliant qu'on se retrouve,
c'est en pardonnant qu'on est pardonné,
c'est en mourant qu'on ressuscite à l'éternelle vie. »

5. Comment discerner la limite entre le bien et le mal ?

Nous l'avons dit plus haut : seule la recherche du bien mène l'homme à son accomplissement et au bonheur.

> « Discerner le bien du mal, toute la science de la vie est là. »
>
> Pierre Janet (1859-1947), philosophe et psychologue

La conscience nous a été donnée précisément comme la boussole qui nous oriente vers le nord, c'est-à-dire vers ce qui est bien. Cependant, « suivre sa conscience » est devenu, dans notre société relativiste, le principal critère pour prendre des décisions et pour agir. Nous nous limitons parfois un peu trop facilement à penser que si nous sommes en paix avec nous-mêmes, nous avons bien agi. Mais qu'est-ce que la conscience ?

> « La conscience est le centre le plus secret de l'homme, le sanctuaire où il est seul avec Dieu et où Sa voix se fait entendre. »
>
> Concile Vatican II[81]

La conscience est comme le « moteur de recherche » de ce qui glorifie le mieux Dieu. Bref, elle nous révèle ce qu'il y a de meilleur. On peut même affirmer qu'elle nous dit ce que Dieu souhaite pour nous. Elle enjoint à l'homme d'accomplir le bien et d'éviter le mal. En somme, la conscience est comme le lampadaire qui doit nous éclairer sur le chemin parfois sombre de notre agir.

81. Constitution pastorale *Gaudium et Spes*, n° 16.

Elle nous invite donc à écouter la parole ou la loi de Dieu, à la reconnaître et à l'observer.

> « Dieu s'adresse à nous par sa Parole ou par la voix de notre conscience. Il s'adresse à nous comme à des amis. Il faut donc que nous lui répondions de la même manière, en amis. Il faut croire en lui, lui faire totalement confiance, apprendre à toujours mieux le connaître et accepter sa volonté sans restriction. »
>
> *Youcat*, catéchisme pour les jeunes, n° 20

Tout comme nos yeux sont sensibles à la lumière, ainsi notre conscience devrait être sensible pour découvrir ce qui est bon et ce qui est vrai. Elle agit en collaboration avec notre intelligence, avec notre foi et avec notre expérience pour nous révéler la meilleure route à emprunter.

Mais puisque nous ne sommes ni parfaits ni infaillibles, il semble raisonnable de penser que notre conscience a elle aussi besoin d'être constamment convertie pour pouvoir toujours mieux saisir ce que Dieu veut nous dire. Cela signifie aussi que la conscience ne peut pas prendre la place de Dieu, ni celle de l'Écriture ou de l'enseignement de l'Église. Nous devrions pouvoir répondre à Dieu : « Oui, Seigneur, je sais que tu me demandes toujours de faire ce qui est vrai et bon. » Mais cela reste plus difficile à faire qu'à dire. Notre conscience est constamment écartelée entre les principes de la morale chrétienne et la permissivité absolue répandue dans l'ambiance contemporaine.

Bref, notre conscience ne peut pas nous éclairer en vérité si nous nous écartons de Jésus. Nous avons raison d'accepter l'enseignement de Jésus, car nous avons reconnu qu'il a les paroles de la vie éternelle. Ses paroles ne passeront pas[82]. Il ne nous induit pas en erreur lorsqu'il nous demande de vivre selon les exigences de notre conscience chrétienne. Il ne nous déçoit pas, même si parfois, il est difficile de le croire et de le suivre. Il n'y a rien à cacher, nous savons bien que le message du Christ est difficile à vivre. Recevoir l'enseignement moral du Christ et accepter de le suivre est une décision très personnelle. « Seigneur, je te crois même lorsque je ne comprends pas tout. Donne-moi la sagesse et la force de marcher dans tes voies. »

Avoir « bonne conscience » ne suffit donc pas. On peut être sincère et dans l'erreur. L'histoire de l'humanité ne manque pas d'exemples d'hommes et de femmes qui, bien qu'étant convaincus d'agir en toute bonne conscience, étaient en réalité dans l'erreur.

➲ Est-ce que je prends le temps chaque soir de faire un bref examen de conscience sur mon agir et mon comportement ?

➲ Est-ce que je veille à bien former ma conscience en lisant chaque jour un passage d'Évangile, de façon à ce que mes principes deviennent de plus en plus « évangéliques » ?

---

82. Évangile selon saint Marc 13, 31.

Prière :

« Me laisser emplir de miséricorde »

Saint Anselme de Canterbury (1033-1109)

« Mon Dieu, tu es toute tendresse pour moi.
Je te le demande par ton Fils bien-aimé :
accorde-moi de me laisser emplir de miséricorde
et d'aimer tout ce que tu m'inspires.
Donne-moi de compatir à ceux qui sont dans l'affliction
et d'aller au secours de ceux qui sont dans le besoin.
Donne-moi de soulager les malheureux,
d'offrir un asile à ceux qui en manquent,
de consoler les affligés, d'encourager les opprimés.
Donne-moi de pardonner à celui qui m'aura offensé,
d'aimer ceux qui me haïssent,
de rendre toujours le bien pour le mal,
de n'avoir de mépris pour personne
et d'honorer tous les hommes. »

6. Sommes-nous prédestinés ?

Si Dieu existe, entend-on dire parfois, nous ne sommes plus libres. S'il nous a créés, pense-t-on, il sait de quel matériau nous sommes faits. Nous serions alors prédestinés à faire ce pour quoi il nous a programmés. Il est difficile de cerner le mystère de sa présence dans nos vies. Souvent, nous allons d'un extrême à l'autre : soit Dieu est totalement absent de la trame de nos vies et n'interfère jamais avec elle, soit le futur de chacun de nous est déterminé par avance et nous nous trouvons donc prisonniers d'un destin qui nous est imposé. Ce sont là les erreurs les plus communes. Il existe pourtant une autre solution.

Si Dieu « est Dieu », rien ne peut lui échapper. Il est intimement présent à tous les êtres qu'il ne cesse de créer. Plus encore, il veille avec amour sur chacun d'eux et dirige le cours de leur vie, qu'ils le sachent ou non. Mais – et c'est là tout son art – Dieu soutient et mène le monde tout en respectant l'autonomie des êtres libres que nous sommes. En effet, il n'intervient pas lorsque nous nous trouvons face à un choix à faire. Dieu est un habile créateur qui, sans nous ôter notre liberté, prend un soin tout particulier de chacune de nos vies en respectant nos décisions et en nous accompagnant. Dans l'Évangile, Jésus nous révèle un Père qui sait exactement ce dont nous avons besoin avant que nous le lui demandions[83] et qui veille infiniment plus sur nous que sur les corbeaux ou les lys[84]. C'est cela que nous appelons la

83. Cf. évangile selon de saint Matthieu 6, 8.

84. Cf. évangile selon saint Luc 12, 22-28.

divine providence. Même si cela ne saute pas aux yeux, l'Écriture nous fait savoir que Dieu gouverne le monde avec une infinie sagesse :

> *« Du haut des cieux, le Seigneur regarde : il voit la race des hommes. Du lieu qu'il habite, il observe tous les habitants de la terre, lui qui forme le cœur de chacun, qui pénètre toutes leurs actions. »*
>
> Psaume 32, 13-15

Dieu est présent à la fois dans les grands événements de l'humanité, tout comme dans ce qui fait le plus ordinaire de nos existences. Rien ne lui échappe. Pourquoi s'intéresserait-il à tout cela ? Parce qu'il souhaite mener sa création à son accomplissement. Il nous a créés pour la vérité, pour le bonheur sans fin, pour aimer et être aimés éternellement, bref, il nous a créés pour être avec Lui. « Celui qui t'a fait sait également ce qu'il veut faire de toi », disait saint Augustin.

Mais alors, comment se fait-il que Dieu « permette » qu'un événement mauvais entre dans son plan universel qui cherche à mener la création à sa perfection ? Deux réponses au moins peuvent nous éclairer :

Premièrement, Dieu est cohérent, c'est-à-dire qu'en créant les êtres libres que nous sommes, il nous confie le poids de la responsabilité de nos décisions et de nos actes. Nous aurons toujours à assumer les conséquences de nos choix et nous aurons souvent à subir les conséquences des choix des autres. Mais il faut tenir compte également qu'« en créant les êtres libres, Dieu n'a pas renoncé à exercer sa maîtrise sur la marche de l'univers. Les guérisons miraculeuses qu'Il opère régulièrement dans le monde pour manifester sa présence au milieu de son peuple en sont l'un des signes les plus éclatants. Et s'Il guérit l'un plutôt que l'autre, nous croyons qu'Il a ses raisons[85]. »

Deuxièmement, Dieu est bon et parce qu'il est au-dessus de tout, il peut, d'un mal, tirer un bien. Il n'empêche pas toujours un mal d'arriver, mais il ne nous abandonne pas non plus lâchement ; il permettra toujours qu'un bien inattendu surgisse ensuite, même si rien n'effacera jamais le mal qui a été fait. *« Nous le savons, quand les hommes aiment Dieu, lui-même fait tout contribuer à leur bien*[86]. » Mystère que nous ne pouvons accepter qu'avec la foi !

C'est ainsi que les hommes et les femmes de foi ont toujours cherché à s'abandonner en Dieu avec confiance, considérant tous les événements de leur vie – joyeux ou douloureux – comme faisant partie du « bon vouloir » de Dieu.

> « Seigneur, qu'il advienne ce que Tu veux. Je suis prête ! Même si tu ne satisfais pas mes désirs en ces temps-ci, Seigneur, tu es le Maître du temps. La réponse à la question « Quand ? » t'appartient. Tu es éternellement Maître du temps présent, un jour il sera mien. Réalise tout comme tu le décides, selon ton dessein. Si alors, tu nous invites, sereinement, au sacrifice, aide-nous à agir. Fais que j'oublie tellement mon petit moi que, en mourant à moi-même, je ne vive que pour Toi. »
>
> Sainte Thérèse Bénédicte de la Croix (1891-1942),
> juive convertie au catholicisme, religieuse,
> déportée et gazée à Auschwitz

---

85. Pierre Descouvemont, *Dieu souffre-t-il ?*, éditions de l'Emmanuel, 2008, p. 159.

86. Lettre de saint Paul aux Romains 8, 28.

Dans sa toute-puissance, Dieu n'a sur nous qu'une seule ambition : que nous vivions comme ses fils, des fils de ce Père infiniment aimant. Dans ce sens-là, et uniquement dans cette optique, nous pouvons dire que nous sommes « prédestinés », c'est-à-dire que nous avons été pensés et créés pour vivre éternellement avec Dieu. Notre bonheur plénier est en lui, bien qu'il ne puisse nous y contraindre si nous ne le souhaitons pas.

- ➲ Est-ce que je comprends que Dieu respecte ma liberté, même s'il « sait tout » (parce qu'il est Dieu !) ?
- ➲ Suis-je conscient que je peux sans cesse changer le cours de ma vie et des événements grâce à ma liberté et à ma volonté ?
- ➲ Ai-je conscience que je suis fait pour vivre avec Dieu et en Dieu ? Est-ce que je nourris ce désir en moi ?

Prière :
« Que m'arrivera-t-il aujourd'hui ? »
Auteur inconnu

« Que m'arrivera-t-il aujourd'hui, ô mon Dieu ? Je n'en sais rien. Tout ce que je sais, c'est qu'il ne m'arrivera rien que vous n'ayez permis de toute éternité. Cela me suffit, ô mon Dieu ! Cela me suffit ; j'aime vos desseins éternels et impénétrables, et je m'y soumets de tout mon cœur pour l'amour de vous. Je veux tout, j'accepte tout, je vous fais un sacrifice de tout et j'unis ce sacrifice à celui de Jésus-Christ, mon divin Sauveur. Je vous demande, en son Nom et par ses mérites infinis, la patience dans mes peines et la parfaite soumission qui vous est due pour tout ce que vous voulez ou permettez. »

7. Se faire prédire son avenir, est-ce manquer de confiance ?

Notre vie avance au rythme du moment présent et laisse notre futur dans l'inconnu. La complexité de la vie actuelle – dans ses dimensions affectives, professionnelles, sociales, etc. – peut engendrer en nous de nombreuses angoisses et préoccupations. Nous nous inquiétons pour mille choses matérielles et laissons trop facilement de côté le conseil de Jésus :

> *« Ne vous faites pas tant de souci pour votre vie au sujet de la nourriture, ni pour votre corps au sujet des vêtements. La vie vaut plus que la nourriture, et le corps plus que le vêtement. Voyez les corbeaux : ils ne font ni semailles ni moisson, ils n'ont ni greniers ni magasins, et Dieu les nourrit. Vous valez tellement plus que les oiseaux ! D'ailleurs qui d'entre vous, à force de souci, peut prolonger tant soit peu son existence ? Si donc vous ne pouvez rien pour une si petite chose, pourquoi vous faire du souci pour tout le reste ? »*
>
> Évangile selon saint Luc 12, 22-26

Pour maîtriser la peur engendrée par l'incertitude, il est très répandu de nos jours d'aller consulter régulièrement son voyant, comme on va consulter son médecin. Cela nous permet de veiller au mieux à ce que « rien ne nous échappe ». Pourtant, la foi chrétienne nous invite à prendre un autre chemin, celui de la **confiance**.

Dans l'Écriture, les appels à la confiance sont abondants, surtout de la part de Jésus : *« Soyez sans crainte*[87] », *« N'ayez*

87. Évangile selon saint Matthieu 28, 10.

pas peur[88] », « *La paix soit avec vous*[89] »... Jésus insiste ; pourtant, rien n'est simple. Nous savons d'avance que les échecs et les contradictions viendront. La nature humaine a sa pédagogie naturelle puisqu'elle ne nous révèle ces difficultés qu'au fur et à mesure qu'elles se présentent. Si nous savions d'avance tous les obstacles qui nous attendent dans la vie, nous n'entreprendrions plus rien ! Ce qui compte alors, c'est de vivre l'instant présent et de ne pas permettre à quoi ou qui que ce soit de prendre le dessus sur notre espérance. Jésus est là ! Jésus est vivant ! Il a vaincu la mort et règne éternellement comme l'unique Sauveur. « *Ne crains pas, je suis le Premier et le Dernier ; le Vivant ; je fus mort et me voici vivant pour les siècles des siècles*[90]. » Ne s'inquiéter de rien, c'est difficile, mais lui faire confiance, cela l'est moins. La confiance ouvre notre cœur à la foi en Dieu qui est tout amour. Elle fait fuir la tristesse et le désespoir, elle apporte la vraie paix de l'âme – et même la joie, malgré les difficultés et les tribulations de la vie.

> « L'essentiel est de sentir le prix du moment présent et de lui faire donner tout ce qu'il peut avoir de bon, de beau et d'édifiant. Voilà notre tâche, être utile dans la minute présente, sans escompter rien de la minute suivante. La plus belle œuvre est celle du moment. Le reste, cet avenir qu'il ne faut pas interroger, tu verras ce qu'il réserve de bon, de beau et de juste. Toute inquiétude vaine est une dépense nuisible. »
>
> Anonyme[91]

---

88. Évangile selon saint Marc 16, 6.

89. Évangiles selon saint Luc 24, 36 et selon saint Jean 20, 19.

90. Livre de l'Apocalypse 1, 17-18.

91. Cité par Marie-Noël, *Almanach pour une jeune fille triste*, éd. Desclée de Brouwer, 2011, p. 165.

- ➲ Quelles sont les petites et grandes préoccupations qui me font perdre le sommeil ou la paix intérieure ?
- ➲ Ai-je prié pour ces soucis ? Ai-je supplié ? Ai-je tout fait pour y remédier concrètement ?
- ➲ Finalement, les ai-je confiés à Dieu ? Est-ce que je m'efforce d'attendre avec patience, dans la paix et la prière, la résolution de ces soucis ?

8. La vie après la mort : résurrection ou réincarnation ?

Le sens de la vie qui continue après la mort est finalement une intuition commune à ceux qui croient soit à la résurrection, soit à la réincarnation. L'homme veut vivre. Il n'est pas fait pour mourir. Par sa raison et son cœur, il l'exprime de toutes ses forces, plus ou moins consciemment. La raison de la vie, c'est l'amour. La raison de l'amour, c'est la vie. « Aimer quelqu'un, c'est lui dire : Toi, tu ne mourras pas », écrivait le philosophe Gabriel Marcel. La vie appelle l'homme. Mais la mort semble empêcher et détruire cet idéal.

Les religions et les sagesses de ce monde cherchent le plus souvent à apporter une réponse à cette énigme et semblent répondre à l'intuition de la vie après la mort, si profondément gravée dans la nature humaine. Il y a différentes manières d'éclaircir ce mystère ; cependant, toutes les religions et croyances n'y apportent pas une réponse convaincante. Il est insuffisant de se positionner en se basant uniquement sur son propre ressenti, sur ses impressions, sur ses rêves, sur une recherche dans son monde subconscient ou sur ses élucubrations personnelles. La question de la vie après la mort est-elle plus qu'une intuition ? A-t-elle été vérifiée ?

La Bible et particulièrement les Évangiles contiennent d'innombrables citations sur la vie : « *Si quelqu'un reste fidèle à ma parole, il ne verra jamais la mort*[92] », dit Jésus. « *Le ciel et la terre passeront, mes paroles ne passeront pas*[93] », dit-il encore. « *Moi, je suis la résurrection et la vie. Celui qui croit en moi, même s'il meurt, vivra*[94]. » « *Je vous ai fait renaître, non pas d'une semence périssable, mais d'une semence impérissable : ma parole vivante qui demeure. Or, cette parole, c'est l'Évangile qui vous a été annoncé*[95]. »

Jésus parle avec une telle assurance qu'il oblige ses interlocuteurs à se positionner face à son identité : qui est cet homme osant affirmer qu'il est maître de la vie et de la mort ? Quelle légitimité ont ses paroles ? « *Nous voyons bien maintenant que tu es un possédé. Abraham est mort, les prophètes aussi et toi, tu dis : "Si quelqu'un reste fidèle à ma parole, jamais il ne connaîtra la mort." Es-tu donc plus grand que notre père Abraham ? Il est mort, et les prophètes aussi. Qui donc prétends-tu être*[96] ? » Es-tu fou ou es-tu le Fils de Dieu… ? La légitimité et l'authenticité des paroles prononcées dépendent de celui qui les prononce. « *Amen, amen, je vous le dis : avant qu'Abraham ait existé, moi, JE SUIS*[97]. »

92. Évangile selon saint Jean 8, 51.
93. Évangile selon saint Marc 13, 31.
94. Évangile selon saint Jean 11, 25.
95. Première Lettre de saint Pierre 1, 23-25.
96. Évangile selon saint Jean 8, 52-53.
97. Évangile selon saint Jean 8, 58.

Immédiatement, cette réponse nous rappelle l'Ancien Testament, lorsque Dieu révèle son Nom à Moïse : *« Je suis celui qui suis. JE SUIS : c'est là mon nom pour toujours*[98]. » Il est le Dieu « qui est », c'est-à-dire le Dieu qui vit de toujours à toujours, le Dieu éternel, le seul Dieu. Cette Parole de Vie a été pleinement confirmée et légitimée lorsque, après sa mort, Jésus est ressuscité. Cette vie éternelle, quelle forme prendra-t-elle ?

> *« Ne soyez donc pas bouleversés : vous croyez en Dieu, croyez aussi en moi. Dans la maison de mon Père, beaucoup peuvent trouver leur demeure ; sinon, est-ce que je vous aurais dit : Je pars vous préparer une place ? Quand je serai allé vous la préparer, je reviendrai vous prendre avec moi ; et là où je suis, vous y serez aussi. »*
>
> Évangile selon saint Jean 14, 1-3

En cela consiste la vie éternelle : être avec Lui. Non pas être seul, non pas vagabonder dans les espaces interstellaires, non pas reprendre un autre corps… mais être avec Lui ! **Quelqu'un nous attend. Quelqu'un nous aime. La résurrection est le mystère d'une rencontre entre les personnes**. Dieu tient parole : « Aimer quelqu'un, c'est lui dire : Toi, tu ne mourras pas. »

Ce qui fait toute la différence entre la résurrection et la réincarnation, c'est la foi en la miséricorde divine. Pour le chrétien, il n'y a plus de dette à payer. L'amour de Dieu pour les hommes est allé jusqu'à effacer toute dette. Le sacrifice de Jésus sur la croix a tout racheté : notre péché, nos injustices, nos offenses, nos trahisons…

---

98. Livre de l'Exode 3, 14-15.

Dans son infinie miséricorde, Dieu nous a tout pardonné. Nous n'avons plus besoin de croire en une multitude de vies dans lesquelles se succéderaient les souffrances en guise de purification. L'incapacité de croire au pardon et à la bonté gratuite de Dieu nous enferme dans une thèse marquée par la sanction. Or, c'est bien le contraire du message chrétien : « *C'est l'amour que je désire, et non les sacrifices*[99] », dit Dieu.

La miséricorde vient de Dieu et elle nous est donnée sans compter. Croire en Dieu, ce n'est plus croire que je dois me sauver moi-même, mais c'est croire que Jésus m'a sauvé en me pardonnant ! La résurrection, c'est cela : savoir que Dieu m'attend pour une vie éternelle auprès de Lui, parce qu'Il m'aime !

> « Les chrétiens ne se distinguent des autres hommes ni par le pays, ni par le langage, ni par les vêtements. [...] Ils se conforment aux usages locaux pour les vêtements, la nourriture et la manière de vivre, tout en manifestant les lois extraordinaires et vraiment paradoxales de leur république spirituelle. Ils résident chacun dans sa propre patrie, mais comme des étrangers domiciliés. Ils s'acquittent de tous leurs devoirs de citoyens et supportent toutes les charges comme des étrangers. Toute terre étrangère leur est une patrie et toute patrie une terre étrangère. Ils sont dans la chair, mais ne vivent pas selon la chair. Ils passent leur vie sur la terre, mais sont citoyens du ciel. »
>
> Lettre à Diognète, une lettre anonyme du IIe siècle

➲ Est-ce que je nourris en moi le désir merveilleux de voir un jour Dieu face à face ? La mort me fait-elle peur ?

---

99. Livre du prophète Osée 6, 6.

- La foi me permet-elle de donner un sens à la souffrance infligée par la perte des êtres qui me sont chers et d'avoir la certitude de les retrouver un jour ?
- Ai-je plus confiance en la bonté et la miséricorde de Dieu qu'en mes imperfections ?

VIII

DIEU NOUS LAISSE-T-IL NOUS DÉBROUILLER SEULS ?

« Je suis avec vous tous les jours jusqu'à la fin du monde. »

Évangile selon saint Matthieu 28, 20

1. Comment Dieu se rend-il présent dans notre vie de chaque jour ?

Dans son évangile, au chapitre 15, Jean rapporte une comparaison utilisée par Jésus, celle de la vigne et des sarments. Le sarment est le rameau vert qui pousse chaque année sur la vigne. Cette comparaison nous permet de comprendre la relation qui existe entre Dieu et nous.

> *« Demeurez en moi, comme moi en vous. De même que le sarment ne peut pas porter du fruit par lui-même s'il ne demeure pas sur la vigne, de même vous non plus, si vous ne demeurez pas en moi. Moi, je suis la vigne, et vous, les sarments. Celui qui demeure en moi et en qui je demeure, celui-là donne beaucoup de fruit, car, en dehors de moi, vous ne pouvez rien faire. Si quelqu'un ne demeure pas en moi, il est comme un sarment qu'on a jeté dehors, et qui se dessèche. »*
>
> Évangile selon saint Jean 15, 4-6

Il existe « une sève » qui nous relie à Dieu. Cette réalité vient achever tout ce que Jésus est venu nous révéler, car elle sous-entend non pas un nouveau concept, mais une personne. Il s'agit de la troisième Personne de la Sainte Trinité, l'Esprit Saint. C'est l'Esprit Saint qui nous tient en communion avec Dieu par la foi, comme la sève qui va de la vigne aux sarments. Jésus n'étant plus physiquement présent au milieu de nous comme c'était le cas il y a deux mille ans, il a instauré un relais pour que nous soyons unis à lui en permanence par la foi et par des signes concrets. C'est la présence et l'action de l'Esprit Saint dans nos âmes. Quarante jours après sa Résurrection, Jésus s'élèvera au ciel pour aller rejoindre définitivement le Père. Dès ce moment, Jésus ne sera plus visible à nos yeux, mais il nous laisse le grand moyen par lequel il continuera à être présent au milieu de nous.

> *« Je m'en vais maintenant auprès de celui qui m'a envoyé, et aucun de vous ne me demande : "Où vas-tu ?" Mais, parce que je vous ai parlé ainsi, votre cœur est plein de tristesse. Pourtant, je vous dis la vérité : c'est votre intérêt que je m'en aille, car, si je ne m'en vais pas, l'Esprit Saint ne viendra pas à vous ; mais si je pars, je vous l'enverrai. »*
>
> Évangile selon saint Jean 16, *5-7*

Qui est l'Esprit Saint, dont il est question du premier jusqu'au dernier livre de la Bible ? De plus, d'innombrables auteurs et théologiens ont écrit sur lui. Pourtant, son action et son rôle restent assez peu compris.

> « Quand on a l'Esprit Saint, le cœur se dilate dans l'amour divin. Le poisson ne se plaint jamais d'avoir trop d'eau. Sans l'Esprit Saint, on ne peut rien, on croit prier, mais on ne prie pas, on parle. Pendez un poisson à un arbre, il sera bien toujours poisson, mais ne pourra vivre sans eau. Une âme qui a l'Esprit Saint ne s'ennuie jamais en la présence de Dieu, son cœur transpire d'amour. Prenez une éponge imbibée d'eau et une main pleine de billes de marbre. De l'éponge, vous ferez sortir de l'eau abondamment. De nous-mêmes nous ne pouvons rien, nous sommes comme une pierre dans un chantier. Une âme qui possède l'Esprit Saint goûte une saveur dans la prière ; le temps est toujours trop court ; elle ne perd jamais la présence de Dieu. Son cœur, devant ce bon Sauveur, est comme un raisin sous le pressoir. »
>
> Saint Jean-Marie Vianney[100] (1786-1859), curé d'Ars

---

100. Cité dans Mgr René Fourrey, *Ce que prêchait le curé d'Ars*, éd. L'échelle de Jacob, Dijon, 2009, p. 30.31.32.

Par l'Esprit Saint, le croyant est comme greffé sur Dieu ; désormais, la vie même de Dieu, appelée « la vie de grâce », circule en nous comme la sève circule du pied de vigne jusque dans les sarments. L'Esprit Saint est la vie de notre être en Dieu, il est la lumière de notre foi, il est celui qui dissipe toute ténèbre sur notre chemin vers Dieu. *« L'Esprit Saint que le Père enverra en mon nom, lui vous enseignera tout et il vous fera souvenir de tout ce que je vous ai dit*[101]. » L'Esprit Saint joue un rôle principal dans notre cheminement de foi, souvent assailli par des doutes.

➲ Est-ce que j'invoque l'Esprit Saint, la troisième Personne de la Sainte Trinité, lorsque je rencontre des difficultés dans ma foi ?

➲ Est-ce que je sais percevoir son action dans mon âme, notamment lorsque je prie ?

Prière :

« Viens Esprit Saint »

Veni Creator

« Viens, Esprit Créateur, nous visiter
Viens éclairer l'âme de tes fils ;
Emplis nos cœurs de grâce et de lumière,
Toi qui créas toute chose avec amour

Toi le Don, l'envoyé du Dieu Très-Haut,
Tu t'es fait pour nous le Défenseur ;
Tu es l'Amour, le Feu, la Source vive,
Force et douceur de la grâce du Seigneur

101. Évangile de saint Jean 14, 26.

Donne-nous les sept dons de ton amour,
Toi le doigt qui œuvres au Nom du Père ;
Toi dont il nous promit le règne et la venue,
Toi qui inspires nos langues pour chanter

Mets en nous ta clarté, embrase-nous,
En nos cœurs, répands l'amour du Père ;
Viens fortifier nos corps dans leur faiblesse,
Et donne-nous ta vigueur éternelle.

Chasse au loin l'ennemi qui nous menace,
Hâte-toi de nous donner la paix ;
Afin que nous marchions sous ta conduite,
Et que nos vies soient lavées de tout péché.

Fais-nous voir le visage du Très-Haut,
Et révèle-nous celui du Fils ;
Et toi l'Esprit commun qui les rassemble,
Viens en nos cœurs, qu'à jamais nous croyions en toi.

Gloire à Dieu notre Père dans les cieux,
Gloire au Fils qui monte des Enfers ;
Gloire à l'Esprit de Force et de Sagesse,
Dans tous les siècles des siècles. Amen. »

2. Comment l'Esprit Saint agit-il ?

L'Esprit Saint agit dans les cœurs en empruntant de multiples chemins, puisqu'il y a autant de façons d'arriver à Dieu qu'il y a de personnes. Il existe cependant des signes et des moyens concrets par l'intermédiaire desquels l'Esprit Saint agit clairement. Ce sont *les sacrements*, par lesquels Dieu communique sa grâce.

Les sacrements sont posés comme des balises sur notre chemin de foi. Ils nous accompagnent dès le début de notre vie en Dieu et jusqu'à son terme. La vie en Dieu, qu'on appelle la vie surnaturelle, vient se greffer par-dessus la vie naturelle. La vie naturelle est ponctuée par des étapes que nous connaissons tous : notre naissance, la maturité, les grandes décisions qui construisent notre vie, nos limites, la souffrance et la mort.

La vie surnaturelle, c'est-à-dire la vie dans la foi, fait passer notre âme par les mêmes grandes étapes. Les sacrements, qui sont au nombre de sept, marquent ces étapes pour nous aider à avancer sur notre chemin spirituel.

Notre naissance en tant que fils de Dieu se célèbre le jour de notre baptême. Nous voilà introduits dans une nouvelle dimension : nous ne sommes plus faits seulement pour la vie terrestre, mais nous avons pris conscience que nous sommes faits pour la vie éternelle, celle-ci débutant dès ici-bas.

Une nourriture nous est proposée pour ne pas défaillir sur ce chemin de foi. Il s'agit de l'Eucharistie. Le chrétien se nourrit du Corps et du Sang du Christ, car seul celui qui vit avec Jésus a la vie éternelle.

La maturité dans notre vie de foi se célèbre le jour où nous recevons le sacrement de Confirmation. Jusqu'à présent, le baptisé était l'enfant de Dieu, c'est-à-dire qu'il avait tout reçu de lui, à commencer par la vie. Par la Confirmation, Dieu fait de nous des adultes dans la foi, ce qui signifie qu'avec l'Esprit Saint, nous sommes maintenant capables de transmettre la vie à notre tour. Nous pouvons dès lors transmettre cette vie de Dieu par le témoignage de notre foi.

Tout au long de ce chemin spirituel, nous constatons nos erreurs, nos péchés, nos complicités avec le mal. Dieu nous offre un moyen pour ne pas tomber dans le désespoir envers nous-mêmes : le sacrement du pardon. Oui, tous nos péchés nous sont pardonnés si nous avons la simplicité de les confesser et le regret sincère de les avoir commis.

Le propre d'une vie est qu'elle s'épanouisse dans l'accomplissement de grands et beaux projets, comme le choix d'une vocation, par exemple. Deux vocations ont été élevées au rang de sacrement : celle du mariage et celle de l'ordination sacerdotale. Ces deux projets de vie ont été établis comme deux moyens de servir le Christ et les autres chrétiens.

En dernier lieu, alors que toute vie s'achève par la souffrance, la maladie ou la mort, il nous est donné un ultime sacrement appelé « le sacrement des malades » ou « l'extrême onction ». Ce sacrement est celui du réconfort dans l'épreuve et de l'espérance en la vie éternelle après la mort.

Les sacrements sont le moyen privilégié, choisi par le Christ lui-même, pour nous communiquer sa présence en nos âmes. La nourriture de l'âme, c'est la présence de Jésus. Cette présence se reçoit et s'augmente notamment en recevant les sacrements. Mais attention, les sacrements ne nous dispensent pas d'entretenir une relation directe et personnelle avec Dieu par la prière et par la méditation des textes bibliques. « Seigneur, aide-moi à croire à ta puissance et à ta grâce. Aide-moi à t'ouvrir notre cœur. Je veux que tu vives en moi. »

On trouve l'origine et le fondement de chacun des sept sacrements dans la Bible et c'est l'Église qui en est la grande dispensatrice.

➲ Est-ce que je cherche à renforcer et à intensifier la présence de Dieu dans mon âme en m'approchant régulièrement des sacrements ?

➲ Est-ce que je me donne du temps pour les recevoir ?

Prière :
« Inspire-moi »
Cardinal Verdier (1854-1940)

« Ô Esprit Saint,
Amour du Père et du Fils,
Inspirez-moi toujours
Ce que je dois penser,
Ce que je dois dire,
Comment je dois le dire,
Ce que je dois taire,
Ce que je dois écrire,
Comment je dois agir,

Et ce que je dois faire
Pour procurer votre gloire,
Œuvrer au bien des âmes
Et à ma propre sanctification.
Ô Jésus, toute ma confiance est en vous. »

3. Peut-on encore faire confiance à l'Église ?

Nombreux sont ceux qui croient en Jésus, mais refusent la foi de l'Église catholique, ses mystères, sa tradition, son autorité, la valeur de ses prêtres. Non sans raison, ils ne parlent que de ses défaillances, l'accusent de retarder le progrès, de faire de la politique, de prétendre à l'infaillibilité... Vue de l'extérieur, l'Église est une institution historique et humaine. Mais cette vision est trop courte. Qu'est-ce que l'Église ? Peut-on laisser de côté sa dimension spirituelle ? Non, car l'Église est à la fois humaine et spirituelle.

Reprenons une image très présente dans le Nouveau Testament : Jésus est le bon berger qui rassemble et guide son troupeau, c'est-à-dire « le peuple de Dieu » ou « la grande famille de Dieu ». Le mot Église vient du grec *ekklesia* et signifie le rassemblement de ceux qui sont convoqués. Tous les hommes sont convoqués par Jésus. La dimension sociale ou communautaire de l'Église trouve son sens dans le fait que Dieu ne nous sauve pas isolément, mais ensemble. Dieu lui-même est une communauté de personnes, il est le Dieu trinitaire : Père, Fils et Saint-Esprit. Dans l'Église s'accomplit le mystère de l'union des hommes avec Dieu. Avoir la foi, c'est aussi entrer dans une communauté ecclésiale !

L'Église est également comparée à un corps, le « Corps du Christ », car tous les chrétiens y sont unis et liés comme les membres du corps humain. Notre tête est Jésus ressuscité[102]. Quand nous recevons les sacrements et écoutons la Parole de Dieu, le Christ vit en nous et nous en lui. Nous formons cette unité si forte entre nous et avec le Christ particulièrement par les sacrements du Baptême et de l'Eucharistie. Comment cela est-il possible ? Parce que l'Esprit Saint est à l'œuvre en donnant vie à l'Église. C'est lui qui agit dans les sacrements et qui rend vivante l'Écriture Sainte.

Que fait l'Église ? À quoi sert-elle ? Comprenons bien que l'Église n'est pas une fin en soi. Elle prolonge ce que Jésus a commencé, c'est-à-dire nous nourrir des sacrements et de sa Parole. Elle est au service du Royaume de Dieu, un Royaume qui s'établit dans les cœurs et qui consiste à connaître le Dieu Amour et à vivre selon la loi de l'Amour.

Aujourd'hui, lorsqu'on parle de l'Église, on pense immédiatement au pape. Il est utile de remonter les siècles pour mieux cerner son rôle de « papa » et de serviteur des serviteurs. Les successeurs directs de Jésus furent en premier lieu les douze Apôtres que Jésus institua comme les « bergers de ses agneaux[103] ». Jésus-Christ lui-même confia à l'apôtre Pierre la tâche de guider la barque de l'Église :

---

102. Cf. Lettre de saint Paul aux Colossiens 1, 18.

103. Cf. évangile selon saint Jean 21, 15.

> *« Tu es Pierre, et sur cette pierre je bâtirai mon Église ; et la puissance de la Mort ne l'emportera pas sur elle. Je te donnerai les clefs du Royaume des cieux : tout ce que tu auras lié sur la terre sera lié dans les cieux, et tout ce que tu auras délié sur la terre sera délié dans les cieux. »*
>
> Évangile de saint Matthieu 16, 18-19

Aux Apôtres succédèrent ceux qu'on appela les « évêques ». D'évêque en évêque, on en arrive à nos évêques actuels. Si on faisait l'arbre généalogique de la succession des évêques, on remonterait jusqu'au Christ ! Jésus-Christ est donc toujours le chef spirituel de l'Église. La légitimité des conseils que l'Église peut donner à l'humanité tient au fait que c'est lui-même qui la conduit à travers ses représentants. Ceux-ci ont pour mission de garantir la pureté de la foi transmise par les Apôtres.

La confiance est inséparable de la foi. Est-il raisonnable de faire confiance à l'Église, si humaine, si imparfaite ? Oui, cela est raisonnable, car la pédagogie de Dieu se met – presque toujours – en place grâce à des intermédiaires. Dans l'Ancien Testament, Dieu guidait son peuple par l'intermédiaire de juges, de prophètes, puis de rois, sans pour autant perdre sa mission divine. Les papes ont été et sont les successeurs de l'apôtre Pierre. Benoît XVI a été le pape de l'Église catholique jusqu'au 28 février 2013 et le Souverain Pontife actuel, François, est le 266e successeur de Pierre. Il est donc naturel de répondre à l'appel de Jésus dans l'Église !

Bien sûr, le pape n'est pas plus infaillible qu'un autre homme. Cependant, en matière de foi, les catholiques lui accordent toute leur confiance, toujours en vertu de la parole que Jésus lui a adressée : « *J'ai prié pour toi, afin que ta foi ne sombre pas. Toi donc, quand tu seras revenu, affermis tes frères*[104]. » On peut donc dire qu'en matière de foi – et uniquement en matière de foi –, le pape et les évêques en communion avec lui sont infaillibles. Malgré toutes ses déficiences, l'Église reste la boussole sûre permettant de nous orienter pour avancer vers Jésus-Christ. Elle garantit le contenu de la vraie foi donnée par Jésus-Christ.

Mais rappelons-le : l'Église n'est pas d'abord une hiérarchie : pape, évêques et prêtres. Par le baptême, tous les chrétiens sont égaux ; c'est pourquoi *ensemble, nous sommes l'Église*. L'Église rend possible la présence de Dieu au milieu des hommes. Voilà pourquoi nous l'aimons !

➲ Y a-t-il des positions de l'Église que je ne comprends pas ? Lesquelles ?

➲ Ai-je cherché à les éclairer en allant en parler à une personne apte à me répondre ?

Prière :
« Acte de foi »

« Mon Dieu, je crois fermement tout ce que vous avez révélé,
et que la sainte Église nous propose de croire,
parce que vous êtes la vérité même
et que vous ne pouvez ni vous tromper ni nous tromper. »

104. Évangile selon saint Luc 22, 32.

4. Qu'est-ce que ça change d'être baptisé ou de ne pas l'être ?

La porte d'entrée de l'Église, c'est le baptême. Le baptême du Christ fait de nous des chrétiens. Devenir chrétien se définit comme une deuxième naissance, une naissance spirituelle, une naissance à « la vie de Dieu ». Par le baptême, nous voici fils et filles de Dieu.

Pour qu'une nouvelle vie puisse commencer, il faut mettre fin à la première. C'est la mort au péché et à notre vie antérieure « sans Jésus » dont il est question. Celui qui croit en Jésus croit également que Jésus est mort sur la croix pour nous racheter de nos péchés. C'est pourquoi, en bons disciples de Jésus, il nous faut « mourir » avec lui au péché, c'est-à-dire que nous renonçons à tout ce qui conduit au mal et au péché. C'est une option de vie ! Concrètement, cette mort au péché se vit et se réalise à travers un signe : l'immersion dans l'eau du baptême et la parole : « Je te baptise au nom du Père et du Fils et du Saint-Esprit ». Le corps du baptisé est comme enseveli dans l'eau – comme le fut celui de Jésus sur la croix –, pour ensuite resurgir victorieux sur la mort – comme Jésus lors de sa Résurrection ; ce sera le signe de notre entrée dans la « vraie vie », la vie de Dieu, la vie éternelle.

Et les non-baptisés, ne sont-ils pas eux aussi considérés comme des fils et des filles de Dieu ? Ne sommes-nous pas tous enfants d'un même Père ? Chaque homme en effet est infiniment aimé de Dieu, puisqu'il a été voulu, créé et appelé par lui. Mais le baptême est la réponse concrète à cette alliance avec Dieu. Il est donc nécessaire de l'accepter et de dire « oui ». Parce que nous lui avons ouvert la porte d'entrée de notre vie en recevant le baptême, Dieu vient demeurer et vivre en nous d'une façon nouvelle.

> « Notre vie appartient au Christ et non plus à nous-mêmes… Accompagnés par lui, oui, accueillis par lui dans son amour, nous sommes délivrés de la peur. Il nous entoure et nous porte, partout où nous allons, lui qui est la vie même. »
>
> Pape Benoît XVI [105]

Saint Paul écrivait : « *N'oubliez pas que vous êtes le temple de Dieu, et que l'Esprit de Dieu habite en vous*[106]. » Un baptisé est un porteur de Dieu ! Dieu est un souverain bien étonnant, car il ne règne pas par la force ou par le pouvoir. Il règne depuis les cœurs qui l'ont accueilli. Son règne est un règne de bonté et d'amour qui s'établit dans les cœurs. Dieu éternel, lui qui n'a ni commencement ni fin, lui pour qui rien n'est impossible, décide de s'installer et de fixer sa demeure en nous ! L'abîme de sa grandeur et celui de notre misère se touchent dans ce sacrement… quel mystère ! Quel don !

Une fois baptisés et donc nés de cette deuxième naissance en la vie divine, il nous faut encore grandir et apprendre à vivre en Dieu. Il s'agit là d'une véritable école de vie divine. C'est dans la mesure où nous « côtoyons » Dieu par un contact réel et personnel que nous apprendrons à lui être semblable. Un enfant acquiert

105. Benoît XVI, le 7 avril 2007.

106. Première Lettre de saint Paul aux Corinthiens 3, 16.

spontanément les gestes et les habitudes de ses parents parce qu'il vit près d'eux. Les autres sacrements vont nous permettre d'avancer plus profondément dans cette aventure avec Dieu. Nous ne développerons dans cet ouvrage que les deux sacrements qui nous accompagnent de façon très régulière : l'Eucharistie et la Confession.

➲ Suis-je conscient du don reçu lors de mon baptême ?

➲ Quelle influence cela a-t-il sur ma vie ?

➲ Si je ne suis pas baptisé, ai-je envisagé de m'y préparer ?

5. Qui a inventé la messe ?

Son origine remonte au geste réalisé par Jésus-Christ lui-même, le soir du Jeudi saint, lors de la Cène, son dernier repas avec ses disciples.

> *« Le Seigneur Jésus, dans la nuit où il fut livré, prit du pain, et après avoir rendu grâce, il le rompit et dit : "Ceci est mon corps, qui est pour vous, faites cela en mémoire de moi." Il fit de même pour la coupe, après le repas, en disant : "Cette coupe est la nouvelle Alliance en mon sang ; faites cela, toutes les fois que vous en boirez, en mémoire de moi." Car toutes les fois que vous mangez ce pain et que vous buvez cette coupe, vous annoncez la mort du Seigneur, jusqu'à ce qu'il vienne. »*
>
> Première Lettre de saint Paul aux Corinthiens 11, 23-26

Jésus institua le sacrifice eucharistique de son Corps et de son Sang pour perpétuer le sacrifice de la Croix au long des siècles.

C'est sur la demande explicite de Jésus : « *Faites cela en mémoire de moi*[107] », que ce geste a été répété fidèlement par les apôtres. Au fil des siècles, les successeurs des apôtres, ceux qu'on appelle « évêques », puis les prêtres, ont continué et continuent à faire ce même geste lors de la messe.

Faire « mémoire » de ce geste signifie beaucoup plus qu'un simple « souvenir », car c'est Dieu qui *agit* dans le présent de ce mémorial. À la messe, la mort et la résurrection de Jésus sont donc rendues *actuelles*.

Eucharistie vient d'un mot grec qui signifie « action de grâce » : louange, gratitude envers Dieu pour ce qu'il a fait pour nous. Célébrer et vivre l'Eucharistie, c'est rendre grâce pour le mémorial de la Nouvelle Alliance conclue entre Dieu et les hommes, par le sacrifice de Jésus sur la croix.

Reprenons un extrait d'homélie de saint Jean-Marie Vianney, curé d'Ars :

> « La messe est le sacrifice que Dieu fait à l'homme de son corps et de son sang. À la voix du prêtre, notre Seigneur descend du ciel et se renferme dans une petite hostie. [...] Le bon Dieu, voulant se donner à nous dans le sacrement de son amour, nous a donné un désir vaste et grand que lui seul peut satisfaire...
> Oh ! Si les chrétiens pouvaient comprendre ce langage de notre Seigneur qui leur dit : "Malgré ta misère, je veux voir de près cette belle âme que j'ai créée pour moi. Je l'ai faite si grande qu'il n'y a que moi qui puisse la remplir. Je l'ai faite si pure qu'il n'y a que mon corps qui puisse la nourrir." Il n'y a rien de si grand, mes enfants,

107. Évangile selon saint Luc 22, 19.

que l'Eucharistie ! Mettez toutes les bonnes œuvres du monde contre une communion bien faite ; ce sera comme un grain de poussière devant une montagne.
Celui qui communie se perd en Dieu comme une goutte d'eau dans l'océan. On ne peut plus les séparer. Quand nous venons de communier, si quelqu'un nous disait : "Qu'emportez-vous dans votre maison ?", nous pourrions répondre : "J'emporte le ciel." Un saint disait que nous étions des Porte-Dieu. C'est bien vrai, mais nous n'avons pas assez de foi. Nous ne comprenons pas notre dignité.
Quand on reçoit la sainte communion, on sent quelque chose d'extraordinaire, un bien-être qui parcourt tout le corps et se répand jusqu'aux extrémités. Qu'est-ce que ce bien-être ? C'est Notre Seigneur qui se communique à toutes les parties de notre corps et les fait tressaillir. Nous sommes obligés de dire, comme saint Jean : *"C'est le Seigneur !"* »

Saint Jean-Marie Vianney (1786-1859), curé d'Ars

Oui, c'est le Seigneur qui se donne à nous dans l'Eucharistie ! Mais on ne peut le reconnaître dans ce sacrement sans la foi. La foi mène loin, très loin de ce que nous pensions comprendre avec notre intelligence.

« L'immensité du ciel ne peut contenir plus d'amour que n'en contient cette petite hostie. La sagesse des hommes est en mille morceaux quand se dévoile la sagesse de Dieu comme une folie, folie de l'Amour ! Veux-tu comprendre ? Deviens fou. Prends ce pain, il te mène à la folie ! Tu es au seuil de la vérité : la mort est pour toi la porte ouverte de la Vie. »

Saint Nicolas de Flüe (1417-1487), père de famille, homme politique et ermite

- Est-ce que je communie avec un cœur pur pour recevoir un si grand don ?
- L'Eucharistie est-elle devenue une vraie nourriture pour ma vie spirituelle ?

Prière :
« Avant la communion »
Saint Ambroise (340-397)

« Seigneur Jésus-Christ, je m'approche de ton autel,
avec crainte et appréhension,
parce que je suis un pécheur,
mais aussi avec espoir et confiance
parce que je suis sûr de ta miséricorde.
Je sais que mes péchés sont nombreux,
et que je n'ai pas su garder mon cœur et ma langue.
C'est pourquoi, Seigneur de bonté et tout-puissant,
accablé par mes fautes, je viens à toi ;
source de la miséricorde et du pardon ;
je me réfugie en toi, toi qui as donné ta vie pour me sauver.
Je ne puis supporter ton jugement,
mais j'ai confiance en ton salut.
Que ton Corps et ton Sang m'aident, Seigneur,
à obtenir de toi le pardon de mes péchés
et la satisfaction pour mes fautes ;
qu'ils me délivrent de mes mauvaises pensées,
renouvellent mes bons sentiments,
me poussent à accomplir ta volonté
et me protègent de tous dangers d'âme et de corps.
Amen. »

6. Pourquoi aller à la messe tous les dimanches ?

Nous avons peut-être l'impression que la messe, « c'est toujours la même chose ». Il est vrai que si nous n'y allons que pour quelques grandes occasions dans l'année, il est très difficile de percevoir la continuité et la progression dans la célébration de la messe. Rappelons que chaque année dans la foi est assimilée à un cycle. On l'appelle le cycle liturgique. Ce cycle nous fait entrer dans la célébration de nombreux mystères de la vie de Jésus : son Incarnation, son ministère, sa passion, sa mort, sa Résurrection, son Ascension au ciel, la Pentecôte... Comme une spirale qui nous entraîne toujours plus profondément vers le cœur du mystère, ainsi le cycle liturgique annuel, dimanche après dimanche – par la prière, par l'écoute de la Parole de Dieu et par la réception du sacrement de l'Eucharistie – fait pénétrer les chrétiens toujours plus intensément au cœur de la vie de Jésus.

De plus, comprenons bien que la messe n'est pas que « le travail du prêtre ». Chacun d'entre nous, en tant que baptisé, participe au sacerdoce du Christ. Cela s'appelle le sacerdoce commun des fidèles. Chacun prie et offre sa vie et sa personne en union avec le sacrifice que Jésus a fait de lui-même sur la croix pour tous les hommes. Ainsi, chacun participe, non pas comme *spectateur*, mais comme *acteur* dans l'œuvre du salut rendue présente à chaque messe.

Pourquoi « tous les dimanches » ? Il y a plusieurs raisons à cela ; nous n'en évoquerons que deux. Tout d'abord, il y a la raison de l'amour. Dieu est une personne qui nous aime et qui souhaite être aimé. Celui qui dit qu'il aime quelqu'un et ne veut pas le rencontrer ou n'a pas le temps de le rencontrer, est-il vraiment amoureux ? Que dire d'un homme qui ne verrait jamais sa fiancée en se disant « amoureux non-pratiquant » ?

Une deuxième raison à la messe dominicale, c'est qu'elle est également le lieu de rencontre privilégié avec Dieu, puisque – par les mains du prêtre – Jésus se rend réellement présent dans l'hostie et se donne à nous dans la communion. Si, chaque dimanche, les chrétiens vont à la messe, c'est parce que Jésus lui-même les a invités à se *« nourrir du pain de vie*[108] ». Le Corps du Christ est la nourriture spirituelle du chrétien. L'Eucharistie reste pour toujours le moyen par excellence pour vivre « en communion » avec Dieu.

> *« Moi, je suis le pain vivant, qui est descendu du ciel : si quelqu'un mange de ce pain, il vivra éternellement. Le pain que je donnerai, c'est ma chair, donnée pour que le monde ait la vie. »*
>
> Évangile selon saint Jean 6, 51

Pourquoi le dimanche ? Parce que, depuis les origines du christianisme, le dimanche est le jour de la Résurrection du Seigneur. En effet, si la Résurrection a eu lieu trois jours après sa mort sur la croix, c'était un dimanche.

> « Le jour du Seigneur, le jour de la Résurrection, le jour des chrétiens, est notre jour. C'est pour cela qu'il est appelé

108. Évangile selon saint Jean 6, 35.

jour du Seigneur : car c'est ce jour-là que le Seigneur est monté victorieux auprès du Père. »

Saint Jérôme (347-420), père de l'Eglise latine

- Dans mon organisation hebdomadaire, est-ce que je réserve volontiers le temps de la messe pour rencontrer Dieu ?
- Est-ce que je vis cette rencontre avec Dieu plus par amour que par obligation ?

Prière :
« Après la communion »

« Âme du Christ, sanctifie-moi.
Corps du Christ, sauve-moi.
Sang du Christ, enivre-moi.
Eau du côté du Christ, lave-moi.
Passion du Christ, fortifie-moi.
Ô bon Jésus, exauce-moi.
Dans tes plaies, cache-moi,
ne permets pas que je sois séparé(e) de toi.
De l'ennemi, défends-moi.
À ma mort, appelle-moi
et ordonne-moi de venir à toi
pour qu'avec tes saints,
je te loue et te bénisse
pour les siècles des siècles.
Amen. »

7. Pourquoi confesser ses péchés à un prêtre ?

Comment attirer des hommes et des femmes de notre temps à ce beau sacrement, en l'appelant « confession » ? On ne sait plus ce que cela veut dire ; « réconciliation » est beaucoup plus expressif. Mais il y a encore plus beau : « le sacrement de la Tendresse de Dieu ».

Écoutons le Seigneur nous dire à chacun, à chacune, à tous : *« Revenez à moi, revenez à moi de tout votre cœur, revenez à moi, car je suis un Dieu de tendresse et de miséricorde, lent à la colère et plein d'amour*[109]. » Comprenons-le donc bien une bonne fois pour toutes, Dieu ne s'intéresse pas à notre péché. Il est comme ce vieillard aveugle représenté par Rembrandt qui accueille chacun de nous dans une étreinte. Il est comme un père nous attendant sans se lasser, scrutant l'horizon, pleurant, souffrant de notre fugue, de notre absence, de notre rupture causée par le péché, impatient de notre retour, non pas pour nous réprimander, mais pour se jeter à notre cou et nous embrasser tendrement[110]. Voilà ce qu'est la confession, c'est un baiser. Comme nous aurions tort de nous en priver ! Le ciel est en fête, quand l'un d'entre nous se dit : *« Je veux retourner vers mon Père et lui dire : Père, j'ai péché contre le ciel et contre toi*[111]. »

Ce sacrement est un baiser qui nous lave. En recevant l'absolution[112], nous voici tout neufs, jeunes, beaux,

---

109. Livre du prophète Jérémie 2, 12-13.

110. Évangile selon saint Luc 15, 20.

111. Évangile selon saint Luc 15, 18.

112. C'est l'acte essentiel du sacrement de confession. Par elle, Dieu accorde au pénitent, par l'intermédiaire du prêtre, le pardon et la paix.

rayonnant de la lumière de la sainteté. Comme nous aurions tort de nous en priver !

En recevant l'absolution, nous voici fortifiés pour repousser la tentation et éviter de commettre le même péché. En nous embrassant, le Seigneur dit à chacun d'entre nous, comme à la femme adultère : *« Va, mon enfant, ma fille, mon fils, et ne pèche plus*[113]. » Ce sacrement est une force qui régénère, qui réactive le désir le plus fort qu'un chrétien puisse porter en son cœur : « Seigneur, pour te plaire, pour te ressembler, pour collaborer avec toi et par toi au salut du monde, moi, je veux être un grand saint, une grande sainte ! » Et à chaque fois que nous recevons le sacrement de la Tendresse de Dieu, nous recevons cette force de conversion. Comme nous aurions tort de nous en priver !

Alors, dans l'humilité pleine de simplicité et de vérité, partons vers notre Père. Allons dire au prêtre ce qui, aujourd'hui, maintenant, dans notre vie, ne plaît pas au Seigneur. Ne faisons pas de liste, mais demandons à l'Esprit Saint, à l'Esprit de Vérité, de nous montrer notre péché. Puis dirigeons-nous vers un prêtre ; le prêtre représente ce Dieu qui nous accueille avec amour. Au moment du sacrement, le prêtre, en son humanité, représente tous nos frères humains que nous avons blessés par notre péché. C'est pour cela que l'Église nous invite à nous confesser à un prêtre du Seigneur.

➲ Y a-t-il quelque chose qui m'empêche de faire le pas pour aller me confesser ? Quoi ?

113. Évangile selon saint Jean 8, 11.

➲ Ai-je pensé à éclaircir mes doutes et mes réticences sur la confession en allant en parler précisément avec un prêtre ?

8. Dieu pardonne-t-il vraiment tout ?

Le péché est une blessure faite à l'amour de Dieu. Lorsque nous prenons conscience de cela, nous nous efforçons d'éviter le péché pour ne plus offenser Dieu. Bien entendu, nous devons tout faire pour ne pas tomber ou retomber dans le péché. Mais une fois le péché commis, celui-ci attire le regard miséricordieux de Dieu sur nous. *« C'est la miséricorde que je désire, et non les sacrifices. Car je suis venu appeler non pas les justes, mais les pécheurs*[114]. »

Dieu ne se scandalise pas devant notre péché, ni devant celui de qui que ce soit, bien qu'il puisse être énorme et répugnant. Il s'abaisse jusqu'à notre condition de pécheur et cherche à exercer sa miséricorde sur nous. Il n'existe pas de situation dans laquelle l'homme ne puisse revenir à Dieu, ni de péché que Dieu ne puisse pardonner.

> « Lorsqu'une âme se repent, il n'y a pas de limite à la largesse que j'ai envers elle. Ma miséricorde l'enveloppe et la justifie. Je poursuis de ma miséricorde les pécheurs sur tous leurs chemins et mon cœur se réjouit quand ils reviennent vers moi. »
>
> Jésus à sainte Faustine Kowalska[115] (1905-1938), religieuse polonaise

---

114. Évangile selon saint Matthieu 9, 13.

115. *Petit Journal* de sainte Faustine, n° 1728.

Pourquoi nous condamner nous-mêmes lorsque nous avons péché ? Pourquoi tombons-nous dans la tristesse lorsque nous constatons notre misère ? Il y a ce dégoût de nous-mêmes qui s'installe et nous écœure. Pourtant, il n'y a rien d'autre à faire que de s'avouer vaincu, Dieu n'en demande pas plus. Il n'a que faire de l'étalage de nos fautes. L'essence de la Bonne Nouvelle n'est pas dans le péché, mais dans **le pardon** des péchés, car *« Dieu veut que tous les hommes soient sauvés*[116] » et *« il y a plus de joie dans le ciel pour un seul pécheur qui se repent que pour quatre-vingt-dix-neuf justes qui n'ont pas besoin de repentir*[117] ».

Jésus ne veut pas le péché, mais il nous aime sans limite dans notre péché. Accueillons donc la tendresse et la miséricorde de Dieu dans notre fragilité. Ainsi tournés vers le pardon de Dieu, nous laisserons de côté la recherche purement extérieure de la perfection et nous éviterons l'hypocrisie de celui qui fait « le beau » aux yeux de tous, mais qui en réalité est vide à l'intérieur.

Faisons confiance à Dieu, car la confiance nous permet de toujours considérer Dieu comme notre Père débordant d'Amour. La confiance nous est donnée comme un vase pour puiser à la source de la miséricorde de Dieu[118].

➲ Ai-je tendance à me décourager après avoir mal agi ? Est-ce que je doute de l'infinie miséricorde de Dieu ?

116. Première Lettre de saint Paul à Timothée 2, 4.

117. Évangile selon saint Luc 15, 7.

118. Cf. *Petit Journal* de sainte Faustine, n° 327.

- Suis-je assez simple de cœur pour demander pardon à Dieu et reprendre le chemin là où je m'étais arrêté ?
- Suis-je prisonnier d'un péché commis dans le passé ? Ai-je compris que Jésus a déjà racheté mon passé ?

Prière :
« Je t'ai abandonné »
Isaac le Syrien (VIIe siècle)

« Seigneur Jésus-Christ, mon Dieu,
donne-moi le repentir, mon cœur est en peine,
pour que de toute mon âme j'aille à ta recherche,
car sans toi je suis privé de tout bien.
Ô Dieu bon, donne-moi ta grâce.
Je t'ai abandonné, ne m'abandonne pas ;
je me suis éloigné de toi, sors à ma recherche.
Conduis-moi dans ton pâturage,
parmi les brebis de ton troupeau.
Nourris-moi de l'herbe fraîche de tes mystères
dont tout cœur pur est la demeure,
ce cœur qui porte en lui la splendeur de tes révélations…
Puissions-nous être dignes d'une telle splendeur,
par ta grâce et ton amour de l'homme, ô Jésus-Christ,
notre Sauveur, dans les siècles des siècles. »

9. Les petits péchés ont-ils de l'importance ?

Une personne lucide sur elle-même reconnaîtra facilement qu'elle a, non seulement des limites, mais qu'elle commet des erreurs et, parfois même, choisit le mal. Ce mal contre soi-même ou contre son prochain ne regarde pas seulement la personne qui l'a fait ou la personne qui l'a subi, mais il touche également le cœur de Dieu. Car Dieu est Amour et il vit en nous par le baptême, il ne peut donc rester indifférent devant le moindre mal. Toute forme de mal blesse le cœur de Dieu. C'est la raison pour laquelle ce mal a besoin d'être pardonné et réparé. Le péché est un manque d'amour qui altère la relation à Dieu, à l'autre et à soi-même. Le reconnaître est une démarche libératrice qui nous rapproche de Dieu par la prise de conscience que nous avons besoin de son aide et de sa miséricorde.

> « L'homme ne peut éviter tout péché, du moins les péchés légers. Mais ces péchés que nous disons légers, ne les tiens pas pour anodins ; si tu les tiens pour anodins quand tu les pèses, tremble quand tu les comptes. Nombre d'objets légers font une grande masse ; nombre de gouttes emplissent un fleuve ; nombre de grains font un monceau. Quelle est alors notre espérance ? Avant tout, la confession... »
>
> Saint Augustin (354-430), évêque

Celui qui est conscient de « faire le mal » s'encombre intérieurement. Quelle plus belle façon de se dégager de cet encombrement qu'en allant chercher le pardon, le regret, le repentir et la justification vers Celui seul qui a le pouvoir de me l'accorder : Dieu. Il intervient non pas en tant qu'arbitre suprême, mais en tant que Père. C'est donc un Père qui m'accueille comme son fils ou sa fille.

La confession, appelée aussi sacrement du pardon ou de la réconciliation, permet de renouveler en nous ce que nous sentons de beau et de vrai, et de demander le pardon de Dieu pour les blessures que nous lui avons infligées.

➲ Suis-je capable d'énumérer mentalement les petits péchés que je commets le plus fréquemment ?

➲ Suis-je décidé à intégrer le sacrement de la confession dans mon emploi du temps, si possible chaque mois ?

Prières :
« Reconnaître ses péchés »

« Je confesse à Dieu Tout-puissant, je reconnais devant mes frères, que j'ai péché en pensée, en parole, par action et par omission. Oui, j'ai vraiment péché. C'est pourquoi je supplie la Vierge Marie, les anges et tous les saints, et vous aussi, mes frères, de prier pour moi le Seigneur notre Dieu. Amen ! »

« Acte de contrition »
Pour recevoir le pardon de Dieu
lors du sacrement de confession

« Mon Dieu, j'ai un très grand regret de vous avoir offensé parce que vous êtes infiniment bon et que le péché vous déplaît. Je prends la ferme résolution, avec le secours de votre sainte grâce, de ne plus vous offenser et de faire pénitence. »

10. Dieu nous a-t-il confiés à une Mère pour parcourir le chemin de la foi ?

Tout au long de ce petit livre, nous avons essayé de baliser une route possible pour se rapprocher de Dieu. Ces balises, qui nous permettent d'avancer avec plus d'assurance, sont écrites dans l'Évangile ; elles ont été pratiquées par une foule de croyants ; elles sont expliquées dans des centaines de livres de grands témoins de vie spirituelle de tous les siècles : la prière, les sacrements, l'humilité, la confiance en Dieu, etc.

Cependant, pour vivre et pratiquer ces moyens dont la finalité est de nous guider et de nous porter plus loin dans l'amitié avec Dieu et dans la sainteté, l'aide de Dieu est indispensable. Sans son secours et sa grâce, il est illusoire de progresser sur cette voie.

> *« Celui qui demeure en moi et en qui je demeure, celui-là donne beaucoup de fruit, car, en dehors de moi, vous ne pouvez rien faire. »*
>
> Évangile selon saint Jean 15, 5

Il nous faut donc encore parler d'un moyen jusqu'ici non mentionné, un moyen facile pour obtenir de Dieu la grâce nécessaire pour devenir saint.

> « Pour trouver la grâce de Dieu, il faut trouver Marie. »
>
> Saint Louis-Marie Grignion de Montfort[119] (1673-1716), prêtre missionnaire

---

119. Saint Louis-Marie Grignion de Montfort, *Le secret de Marie*, n° 6.

Marie, Mère du Christ et donc Mère de Dieu, est la créature qui a trouvé grâce devant Dieu avant tout autre saint, prophète ou patriarche. Marie est appelée la « *comblée-de-grâce*[120] » de la part de l'ange messager de Dieu. Le Seigneur est avec elle, parce qu'en toute chose, elle a accompli la volonté de Dieu sans rien lui refuser. Parce qu'elle a donné l'être et la vie à celui qui est l'Auteur de toute grâce, Jésus-Christ, elle est vénérée comme « Mère de la grâce ». En lui donnant son Fils, Dieu le Père lui a donné toutes ses grâces.

C'est donc sans peur de se tromper que saint Louis-Marie Grignion de Montfort lui attribue les charges de « trésorière, économe et dispensatrice » de toutes les grâces de Dieu.

Un peu plus d'un siècle plus tard, en 1830, la Vierge Marie confirmera cela auprès de sainte Catherine Labouré à la rue du Bac, à Paris :

> « Venez au pied de cet autel. Là, les grâces seront répandues sur toutes les personnes qui les demanderont avec confiance et ferveur. Elles seront répandues sur les grands et les petits. »
>
> La Vierge Marie à sainte Catherine Labouré (1806-1876),
> Fille de la Charité

C'est à Marie, mère de Dieu et notre mère, que nous pouvons tout demander, avec la confiance même qu'aurait un tout petit enfant envers sa maman. La tendresse de Marie ne peut pas nous laisser indifférents, car elle est la main la plus douce que Dieu nous tend.

---

120. Cf. évangile selon saint Luc 1, 28.

Une des dernières paroles de Jésus sur la croix fut précisément pour sa mère : « *Jésus, voyant sa mère, et près d'elle le disciple qu'il aimait, dit à sa mère : "Femme, voici ton fils." Puis il dit au disciple : "Voici ta mère." Et à partir de cette heure-là, le disciple la prit chez lui*[121.] » Avec saint Jean, choisissons aujourd'hui nous aussi Marie pour Mère. Tout comme elle fut présente au pied de la croix de Jésus, Marie est là au pied de nos croix, au pied de toutes les croix. Elle nous est donnée comme une véritable Mère spirituelle. Jamais elle ne laissera un de ses enfants souffrir seul.

Elle est le chemin le plus sûr vers Jésus. Elle n'a qu'un seul désir : que nous le connaissions et l'aimions comme elle. Elle n'a qu'une passion : que la volonté et la mission de son Fils pour l'humanité s'accomplissent pleinement : « *Faites tout ce qu'il vous dira*[122]. » Qui va à Marie ne trouvera en elle que Dieu seul.

> « Ô homme, si tu la suis, point ne t'égares ; si tu la pries, point ne désespères ; si tu la gardes en ta pensée, point de faux pas. Qu'elle te tienne, plus de chute. Qu'elle te protège, plus de crainte. Sous sa conduite, plus de fatigue. Grâce à sa faveur, tu touches au port[123]. »
>
> Saint Bernard de Clairvaux (1090-1153), moine cistercien

➲ Marie est-elle pour moi un modèle de foi et de confiance en Dieu ?

---

121. Évangile selon saint Jean 19, 26-27.

122. Évangile selon saint Jean 2, 5.

123. Prière de saint Bernard de Clairvaux à la Vierge Marie, *Le Memorare.*

- Est-ce que je l'appelle « mère » ?
- Est-ce que je récite fréquemment le « Je vous salue Marie » pour grandir dans sa tendresse ?

Prière :
« Souvenez-vous, Marie »
Saint Bernard de Clairvaux (1090-1153), Memorare

« **Souvenez-vous**, ô très miséricordieuse Vierge Marie,
qu'on n'a jamais entendu dire qu'aucun de ceux
qui ont eu recours à votre protection,
imploré votre assistance et réclamé votre intercession,
ait été abandonné.
Animé d'une pareille confiance, ô Vierge des vierges,
ô ma Mère, j'accours, je viens à vous et,
gémissant sous le poids de mes péchés,
je me prosterne à vos pieds.
Ô Mère du Verbe Incarné,
ne méprisez pas mes prières,
mais écoutez-les favorablement
et daignez les exaucer.
Amen. »

Jésus se tint au milieu d'eux et leur dit : « Paix à vous !
[...] Pourquoi tout ce trouble, et pourquoi tant de
doutes montent-ils en votre cœur ? »
Évangile selon saint Luc 24, 38

CONCLUSION

Cette lecture s'achève. Vous y avez peut-être trouvé des éléments de réponse, des clés pour mieux découvrir qui est Dieu. Vous êtes convaincus que la foi n'est rien d'autre qu'une relation avec un « tu » et qu'elle s'exprime comme une réponse à un appel, comme « un élan du cœur, un cri de reconnaissance et d'amour[124] ».

Cependant, vous constatez que vous avez toujours des doutes… Le chrétien peut dire « Je crois », parce qu'il a Dieu lui-même comme garant de sa foi, de sa vocation et de sa mission dans la vie. Tout au long de son chemin, il cherche des raisons de croire, si bien que la foi n'est jamais un « acquis », mais un don. Un don que Dieu réserve à chaque homme.

La foi n'est pas un simple sentiment de la présence de Dieu. Elle demande à être nourrie jusqu'au point

124. Sainte Thérèse DE L'ENFANT-JÉSUS, Manuscrit C, 25r.

d'exprimer, d'après les paroles d'un prêtre que j'ai connu :

> « Pour moi, croire, c'est me laisser saisir par son amour. Pour moi, croire, c'est avancer, souffrir, me battre, tomber et me relever, cherchant à être fidèle à un Dieu qui m'appelle et que je ne vois pas. Pour moi, croire, c'est me lancer dans l'obscurité de la nuit avec une grande confiance, en suivant une étoile qui me mènera là où elle voudra. Pour moi, croire, c'est suivre Celui que mon âme désire et auquel elle aspire de toutes ses forces. Je crois parce que je lui fais confiance. »
>
> Un prêtre

Cher lecteur, n'ayez pas peur de consacrer du temps à bâtir votre foi et votre amour pour Dieu, à les approfondir, à les affiner. Cela demande du temps et un certain effort, mais surtout, **cela demande du cœur**. Quoi de plus beau que de mettre tout son cœur à découvrir plus profondément, jour après jour, Celui qui, seul, peut combler ce cœur ? Une seule vie terrestre nous a été donnée. Cherchons donc à cimenter notre existence sur Celui qui ne passe pas. Tout sacrifice pour l'obtenir et le posséder, Lui, l'Auteur, la Source, le Bonheur de notre être, n'est rien face à la vie de grâce qui nous est donnée dès maintenant dans la foi, puis la vie éternelle qui nous attend dans l'au-delà.

Ne nous étonnons pas des difficultés que nous rencontrons dans notre chemin de foi. Persévérance !

Pour contacter l'auteur :
epastore@regnumchristi.net

Pour aller plus loin

– Pour découvrir la vie de Jésus, l'ouvrage de Max Gallo présente un récit spirituel et historique, fidèle aux Évangiles : ***Jésus, l'homme qui était Dieu***, XO Éditions, 2010.

– Les connaissances générales concernant la doctrine chrétienne se trouvent dans le ***Catéchisme de l'Église catholique***, édition 1998, et sont rendues très accessibles dans la version pour les jeunes, ***Youcat***, Bayard Éditions, 2011.

– Les problèmes posés par la foi sont soulevés et développés de façon très complète par l'abbé Pierre Descouvemont, dans son ouvrage ***Guide des difficultés de la foi catholique***, éditions Cerf, 2009.

– Pour découvrir les principaux récits de la Bible et comprendre la liaison entre l'Ancien et le Nouveau Testament : ***La Bible en BD***, de Michael Pearl et Danny Bulanadi, éditions Salvator, 2009.

– Pour bien saisir comment se situe la foi chrétienne face aux dernières découvertes scientifiques : Bandes dessinées ***Enquête sur Dieu, les indices pensables***, tomes I, II, III et IV, de Brunor, éditions du Jubilé, 2011 et 2012.

– Un ***Petit guide de prière*** a été écrit par le père Guy Gilbert. Il offre des conseils à la fois d'une grande simplicité et d'une grande profondeur, éditions Philippe Rey, 2011.

– Différents chemins pour avancer dans la prière sont présentés de façon simple et profonde dans : ***Prier, Pourquoi ? Comment ?*** du cardinal André Vingt-Trois, éditions Pocket, 2010.

– Au long de l'année 2012-2013, le pape Benoît XVI a développé une quinzaine de catéchèses sur la foi. Elles se caractérisent par la clarté du style et la profondeur des idées tout en restant très accessibles. Elles se trouvent sur le site internet : www.vatican.va

Table des matières

Achevé d'imprimer en mars 2013
sur les presses de la Nouvelle Imprimerie Laballery
58500 Clamecy
Dépôt légal : mars 2013
N° d'impression : 303264

Imprimé en France

La Nouvelle Imprimerie Laballery est titulaire de la marque Imprim'Vert®

Composition et mise en pages réalisées par
LG Compo - 28200 - Châteaudun
Mars 2013